法哲学思想视域下的
依法治校实践

李 力 著

北京工业大学出版社

图书在版编目（CIP）数据

　　法哲学思想视域下的依法治校实践 / 李力著．— 北京：北京工业大学出版社，2021.4（2022.10 重印）
　　ISBN 978-7-5639-7903-5

　　Ⅰ．①法…　Ⅱ．①李…　Ⅲ．①学校管理－法制管理－研究－中国　Ⅳ．① D922.164 ② G47

中国版本图书馆 CIP 数据核字（2021）第 081793 号

法哲学思想视域下的依法治校实践
FAZHEXUE SIXIANG SHIYU XIA DE YIFA ZHIXIAO SHIJIAN

著　　者:	李　力
责任编辑:	郭志霄
封面设计:	知更壹点
出版发行:	北京工业大学出版社
	（北京市朝阳区平乐园 100 号　邮编：100124）
	010-67391722（传真）　bgdcbs@sina.com
经销单位:	全国各地新华书店
承印单位:	三河市元兴印务有限公司
开　　本:	850 毫米 ×1168 毫米　1/32
印　　张:	3.625
字　　数:	82 千字
版　　次:	2021 年 4 月第 1 版
印　　次:	2022 年 10 月第 2 次印刷
标准书号:	ISBN 978-7-5639-7903-5
定　　价:	60.00 元

作者简介

　　李力，博士研究生学历，获法学博士学位，华南师范大学助理研究员，从事高校依法治校理论政策研究与法律事务实务工作十多年，研究方向是高等教育管理、高校法治理论与实践研究，主持和参与了多项国家级、省厅级课题项目。

前　言

　　马克思法哲学思想是马克思关于法、权利和国家制度等问题的哲学思考，主要形成并成熟于马克思思想发展的早期。在马克思庞大的思想体系中，法哲学并没有占据太大的篇幅，因而，甚至有学者提出了"马克思法哲学理论留下了什么"的疑问。但纵观马克思思想演进的全过程便会发现，马克思用历史唯物主义的观点，彻底颠覆了过去一切法哲学家对法的本质的解释，纠正了经济基础和社会关系对于法的决定作用，从而引领了西方法哲学史上的一场真正的革命。

　　本书从马克思早期法哲学思想的理论渊源出发，系统总结了康德、黑格尔、费尔巴哈等法哲学家的理论思想，以及其对马克思的深刻影响；从时代背景、社会现状、理论发展、个人情感等因素出发，探究马克思法哲学思想的形成和演变的过程，真正把握住马克思早期法哲学思想的理论精髓和核心内涵。"社会生活在本质上是实践的"，本书还从马克思早期法哲学思想出发，力图构建当代中国历史与实践相结合的法哲学理论模式，用马克思早期法哲学思想中的理论观点，为完善社会主义法治体系、建设社会主义法治国家提供有益借鉴。

　　本书具体包括五个部分。

　　绪论回顾并总结了马克思早期法哲学思想的理论渊源。重点分析康德理性主义法哲学思想、德国历史法学派观点、德国浪漫主义传统以及黑格尔法哲学思想的形成脉络、核心观点，以及这些理论来源在马克思早期法哲学思想形成和完善过程中的影响。

第一章归纳了马克思早期法哲学思想的演进历程。总结梳理了马克思早期法哲学思想形成发展的过程，将马克思早期法哲学的形成阶段具体划分为新理性批判主义法哲学观时期、由唯心主义法哲学观向唯物主义法哲学观过渡期、历史唯物主义法哲学观形成期。研究探索马克思在不同阶段对康德、黑格尔、费尔巴哈等哲学巨匠的思想的借鉴、批判和扬弃，总结梳理了马克思历史唯物主义法哲学观形成背后的理论脉络。概括而言，马克思早期法哲学思想经历了从唯心主义到不彻底的唯物主义，再到彻底的唯物主义的转变发展。

第二章介绍了马克思早期法哲学思想的核心内容。重点分析马克思法哲学体系建立过程中的人本主义思想，以及由此带来的法哲学革命。系统分析西方哲学的二元预设，以及此背景下马克思早期理性主义法哲学的二元特征，并以《关于林木盗窃法的辩论》为例，分析这一阶段马克思法哲学思想中的二元对立，分析思考马克思如何运用历史唯物主义辩证法完成对自然法哲学二元结构的重塑。深入研究马克思法哲学世界的根基——自由问题，解析马克思为何致力于追求尘世的自由，以及如何在人类自由理念的基础上一步步建构历史唯物主义法哲学大厦。深入总结马克思法哲学批判的哲学意味，从两个维度解析马克思法哲学批判的特征，研究马克思法哲学批判的实践指向对于法哲学革命的重大意义。

第三章论证马克思对施蒂纳的批判与超越。在《德意志意识形态》中，对施蒂纳的批判占了全部篇幅的七成，围绕法哲学概念的批判又是批判的重中之重。可以说，对施蒂纳的批判标志着马克思历史唯物主义法学理论的形成。该部分先是探讨施蒂纳的法哲学思想，分析他对于权利、法律和犯罪概念的否定，并通过马克思与施蒂纳对费尔巴哈的不同批判思路辨析两者的理论分野，最后论证正是在"客观的物质交往关系"的基础上，马克思实现了对施蒂纳的批判与超越。

第四章从新时代马克思主义法治理论与实践出发，科学指认新时代马克思法哲学在中国的实践回归主要体现在市民社会理论对中国社会治理水平提高的理论启示上，为法治思想的形成奠定了理论基础。具体到高校治理层面，马克思法哲学思想对高校依法治校的推进具有重要的理论指导意义。

第五章通过借鉴马克思的法哲思想为我国如何提高社会治理水平及我国高校如何推进依法治校提供了具体路径。

目　录

绪　论

　　马克思法哲学思想的形成和发展，既离不开他大学时期的法律学习，更离不开他离开校园以后的社会实践。马克思对涉及人类社会现实生活的政治、经济、法律等领域进行了哲学意义上的考察与反思，在对康德哲学、黑格尔哲学和费尔巴哈哲学的扬弃过程中，逐步形成并不断发展完善了历史唯物主义的法哲学思想。在这个过程中，马克思执着地探索法与法律的真谛，对关于人的自由、权利、国家制度、劳动异化等方面进行深入的理论探索，并揭示众多社会现象背后的哲学规律和辩证关系，进而引领了一场法哲学的伟大革命，从根本上扭转了西方法哲学研究一以贯之的唯心主义立场。总体而言，个人法哲学思想的形成和发展必然要受到世界观的形成和发展的制约，因此，马克思哲学世界观发展的分期也大体上适用于法哲学思想发展的分期。一般认为，1846年《德意志意识形态》的发表被看作历史唯物主义法哲学观最终形成的标志。鉴于马克思哲学思想的博大精深，本书所研究的不是整个马克思历史唯物主义法哲学形成时期，而仅限于形成时期中早期的一段。具体地说，就是从1835年马克思进入大学开始，到1846年完成《德意志意识形态》为止。"早期"的含义不仅限于具体的时间意义上，也是马克思自身年龄、社会阅历和思想成熟程度意义上的前期，客观反映马克思法哲学思想发展演进的曲折历程，也有学者表述为"青年马克思时期"。

一、研究意义

法哲学作为人类法律文化中的重要文化符号，随着人类社会的发展而不断积累和交融，进而显示出历史过程的延续性。马克思法哲学思想不是脱离人类文化宝库而独立创造的，更不是狭隘偏激的宗派主义学说。它是在继承和批判黑格尔、费尔巴哈、施蒂纳等人的哲学思想的基础上，逐步形成和完善起来的。这个过程也是马克思从新理性自由主义法学观，进而怀疑、否定自己的旧理想，直到逐步确立历史唯物主义法哲学思想的过程。

在研究法哲学的过程中，马克思广泛地涉猎了包括古今法律史、刑法、财产法、民法、婚姻法乃至国际法等领域在内的法学理论，但他关注最多的仍然是法的本质问题，始终把探讨法的现象的本体属性作为基本出发点。这是马克思解析所有关于法的问题的关键所在，也是马克思法哲学思想的精髓。但长期以来，国内学术界对马克思法哲学的研究还不够深入，尤其是没有深入研究马克思对法的本质的探讨。另外，国内学术界没有或者较少地关注马克思法哲学思想形成过程中的每一阶段在整个过程中的特殊地位，以及与其他阶段的内在联系。因而本书重在完整地、加以联系地研究马克思法哲学思想每一个概念、范畴和原理的产生、演变、修补、深化和完善的历史轨迹，充分反映法的逻辑发展和引起这一发展的历史进程之间的辩证关系。只有这样，才能真正认清马克思法哲学的科学性，并揭示其中的巨大力量。

　　另外，马克思法哲学思想中国化是当代中国法治的新课题。马克思的全部理论，包括法哲学思想，从本质上看都是关于人的自由的理论，为了实现"人的自由全面发展"。改革开放以来，随着中国社会转型不断深化，推进国家治理体系和治理能力现代化更需要关怀"人的自由本质"，这与马克思法哲学思想的出发点和落脚点有着契合之处。在建设社会主义法治国家的历史进程中，很重要的任务在于从历史与现实之中寻求法治与自由之间的内生逻辑联系，论证不同时代背景、不同历史条件下的法所具有的根本的自由价值。这正是马克思法哲学思想的价值追求。

　　从另外一个维度看，当代中国法治建设的实践需要理论的给养，尤其是需要马克思法哲学思想的方法论指导。因此，研究马克思早期法哲学思想和法哲学经典理论著作，不仅可以带动中国法哲学的研究，构建我国自己的法哲学理论体系，而且对于我国完善社会主义法治体系、建设社会主义法治国家具有十分重要的理论指导意义。作为一个高校法务从业者，如何在新时代全面依法治国背景下全面提升高校全面依法治校的能力和水平，是我们迫切需要解决的问题。新时代高校全面依法治校需要以马克思法哲学思想为指导，坚持把法治思想与高校治理相结合，探索出一条适合中国高校的法治道路。

二、研究现状

　　马克思法哲学思想博大精深，国内外有丰富的研究成果，其中有不少研究对马克思早期法哲学思想的理论渊源、发展脉络、历史演进，以及核心内容进行了梳理提炼，对于本书的研究具有重要参考价值。

（一）国外研究状况

国外学术界在研究法哲学以及马克思早期法哲学思想时，形成了几种典型思路，也暴露出一些有待辨析的问题，相关研究成果如下。

第一，国外关于法哲学、法理学的划分界定问题。黑格尔在《法哲学原理》一书中开宗明义，即"法哲学这一门科学以法的理念，即法的概念及其现实化为对象"，并强调"法哲学是哲学的一个部门"。但近代以来，关于"法哲学"一词的定义有很多，与之相对应的是"法理学"。关于这两者的界定划分，国外学术界众说纷纭，具体表现为"学派林立，特征各异，相互渗透，融合发展"。英美国家的法学家一般将法理学与法哲学当作同义词，认为法哲学是一种法学理论，是法律科学的一个分支，基本上与法理学同义。例如，布莱恩·H. 比克斯编写的《牛津法律理论词典》就认为"法理学""法哲学"与"法律理论"概念相近，可以相互使用。也有观点认为，法理学与法哲学是相同性质的学科，二者相互包含。但欧洲大陆国家一般主张严格区分这二者的学科属性和边界。如德国《布洛克豪斯百科全书》将法哲学视为哲学的分支，认为它是以一定的方式从事法律和法学的一般原理研究的学科。德国法学家拉德勃鲁赫、阿图尔·考夫曼等人也认为，法哲学不属于法学范畴，而属于哲学范畴，"法哲学是哲学的一个分支，而不是法学的子学科"。持类似观点的还有庞德，在他看来，法理学即法律科学，具有自己独特的研究对象——什么是法律、法律的目的、法学的方法、法律的价值、法的理论体系。可见，关于法哲学与法理学的划分区分，国外学术界并没有形成一致的结论，就我国而言，基本上与欧洲大陆国家的主张相一致，即认为法哲学属于哲学的分支，是关于法的基本问题的哲学思考。

第二，关于马克思有无法哲学的问题。在马克思哲学体系中，法哲学思想是重要的组成部分。也正因为如此，拉法格、葛兰西、考茨基早就开始研究马克思法哲学思想，并留下了不少研究著述。第二次世界大战结束后，一股马克思法哲学思想研究的热潮在西方国家出现，并冠名为"西方马克思主义法学"。尽管如此，仍有不少西方学者从根本上怀疑马克思法哲学的理论基础和现实存在，他们认为马克思的法哲学思想在现代法权上并没有形成体系，是为阶级斗争和无产阶级专政服务的理论。坎贝尔和威利斯等学者甚至认为，与其说马克思关于法的哲学思想，并没有把关注点放在法学领域中，更多的是社会学理论，他们认为"马克思恩格斯没有把法作为理论分析中的主要对象和领域，只有当法涉及书报检查等特别的政治问题时，它才偶尔地成为议论的中心"。德国哲学家哈贝马斯在总结东欧剧变的原因时提到，马克思主义缺乏一个令人满意的法学传统，是左派应该牢记的最重要的教训之一。美国的博登海默也认为马克思法哲学标志着唯物主义法哲学的形成，海德格尔则认为马克思终结了所有"形而上学"的法哲学。总的看来，西方学者对于马克思法哲学的研究具有多层次、多角度、多样式的特点，但不少学者从根本上否定马克思法哲学的理论和现实存在，这与意识形态的对立有关，也与东欧剧变和苏联模式的弊病不无关系。

第三，关于"青年马克思"与"老年马克思"的对立。一段时间以来，通过对包括马克思的《1844年经济学哲学手稿》

在内的早期著作的解读，不少西方学者发现了两个马克思，前者是青年马克思，代表的是马克思的人道主义精神；后者是老年马克思，代表的是传统意义上的马克思主义。一些西方马克思主义学者所促成的"马克思的第二次降世"是由多因素造成的，既有意识形态批判的功利需要，也有当代西方哲学中反理性主义思潮（存在主义、弗洛伊德主义、结构主义、新托马斯主义）的深刻影响。另外，之所以西方学者对马克思思想的兴趣大部分集中在他的早期著作方面，主要是他们想直接从马克思的早期著作中，发现某些能够重新解释马克思主义的新论据，以便以自己的观点来解释和评价马克思的学说。

（二）国内研究状况

长期以来，我国法学界和哲学界大体上并不认可法哲学这一理论概念，认为法哲学是资产阶级的产物，这与我国长期受苏联法哲学理论的影响有关。改革开放以来，思想解放的步伐不断加速，国内外学术交流日益频繁，对马克思法哲学的研究开始逐渐升温并逐步深入。特别是21世纪以来，随着依法治国理念不断深入人心和法治实践的不断推进，国内学术界对马克思法哲学思想尤其是早期法哲学思想的研究热潮开始形成，概括而言，相关研究的重点和主要成果集中在以下几个方面。

第一，对马克思法哲学基本概念和核心定义的研究。国内学者在马克思法哲学核心定义的认定上较为统一，都认为马克思法哲学是历史唯物主义性质的关于法的基本问题的理论。例如，武步云认为，"马克思主义法哲学以马克思主义哲学为理论基础，并将之运用于法律，或者说它是在马克思主义哲学的层次上，对法律的一般本质和发展规律的研究"。尽管国内学者对马克思法哲学核心定义的解读较为一致，但对于其性质的分析有不同角度。第一种观点以陈学明为代表，认为马克思法哲学思想尤其是早期法哲学思想，体现了以人民主权思想为出发点、融合理性法与自由法的特点，具有较强的革命民主主义色彩。第二种观点以公丕祥和杨春福为代表，在《权利现象的逻辑》《权利法哲学导论》这两部著作中，他们认为马克思的法哲学在根本上是权利哲学。另外，吴晓明和刘日明在《近代法哲学与马克思的社会存在理论》一书中也认为，马克思法哲学在本质上是权利哲学或法权哲学。还有一种观点认为马克思法哲学具有很强的批判精神。马克思法哲学是在继承和批判黑格尔、费尔巴哈、施蒂纳等人的哲学 思想的基础上形成并完善的，是建立在实践原则上的对过去一切形而上学法哲学理论的彻底批判，因此是一种批判的哲学。刘日明的《法哲学》以及与吴晓明合著的《近代法哲学与马克思的社会存在理论》都持这种观点。

第二，研究马克思法哲学思想的演变及不同时期的主题。公丕祥早在 1990 年就开始研究马克思法哲学思想的阶段划分，他认为，马克思法哲学思想的演变是一个辩证的发展过程，"在这一过程中，马克思的法哲学思想从纤弱的'嫩芽'生长为一株参天大树"。他还将马克思法哲学的历史发展过程划分为形成阶段、发展阶段、深化阶段。另外，李光灿和吕世伦主编的《马克思、恩格斯法律思想史》，将马克思早期法哲学思想划分为新理性批判主义阶段、由唯心主义向历史唯物主义法哲学过渡的阶段、历史唯物主义法哲学的形成阶段，以及历史唯物主义法哲学的最终诞生和问世。吕世伦、文正邦还认为，马克思法哲学的成熟同时也是马克思哲学方法论的成熟，这个过程也是马克思从新理性主义方法论走向辩证唯物主义和历史唯物主义方法论的过程，而这又反过来推动马克思法律思想迎来新的飞跃。这些学者的基本观点在于，马克思法哲学的产生、发展和演变，是一个辩证的发展过程，其中的每一个阶段既有联系又有区别，共同构成了一个整体。这个进程不是笔直前进的，也不是直线上升的，而是一个螺旋式上升、波浪式前进的过程，是一个从低级不断向高级发展的过程。

通过上述研究现状的梳理，可以发现，当前国内外对于马克思法哲学思想的研究具有长期的积累，已经形成了丰富的学术基础。但客观地说，还具有以下几个方面的不足。

一是国外学术界仍带有偏见，对马克思法哲学中的自由、权利、法治的思想研究得不够，并割裂了马克思前期思想与后期成熟的体系之间的联系。二是相当一部分学者从马克思的结论出发研究马克思法哲学思想，并没有运用历史唯物主义世界观和方法论审视马克思法哲学思想本身，因此研究成果并不符合马克思法哲学的基本立场。当前，要想深入研究马克思法哲学思想，为当代中国的法治实践提供理论支持，必须回到马克思经典著作中去分析马克思法哲学思想的本质。

三、本书核心概念厘定

（一）核心概念厘定

当前，国内学者在论述马克思法哲学时存在不同的提法，尤其是对一些重要的基础概念理论界存在着不同的表述，马克思法律思想、马克思法学观、马克思法理学思想、马克思法哲学思想这几种表述间或有之，但从研究内容看没有明显差异，这说明理论界在概念的使用上存在一定的混同。笔者认为上述几个概念虽然有一定的一致性，但并不能随意彼此替代。因此，在深入研究马克思法哲学思想之前，很有必要厘清核心概念，明晰法哲学与法理学、法律思想、法律哲学等概念的差异。

关于法哲学的定义，笔者认为吴晓明和刘日明的总结一语中的。他们认为，法哲学是用哲学的方式对法或权利或法权进行的思考、反思和追问，是关于法或权利或法权的一般理论，它实际上就是权利哲学或法权哲学，具有法或权利或法权的本体论性质。在这方面，法哲学与法理学、法律哲学形成了最大的理论分野，因为法理学所涉及的是法律的一般科学以及对法律的应用，而法律哲学则是关于法律一般问题的哲学思考。法哲学最大的特征是，它是关于法或权利问题的本体论思考，法理学和法律都不涉及这一点。用另一句话说就是，法哲学是关于法这一社会现象的属性、特征及其规律性的认识的科学，它不以现实中的具体法律为研究对象，而是以法律背后的法的本质为研究对象，具有高度的抽象性、思辨性和超现实性。

这里需要说明的还有两点。

第一，法哲学与法理学既相互区别又相互联系，可以说是既有同中之异，又有异中之同，不能因其差异性而忽视了其关联性。事实上，在研究法哲学时不能绕开对法律科学的一般发展规律等问题的研究，同理，在研究法理学时，也不能不研究法和权利的本体论问题。

第二，法哲学是用哲学视角研究、考察法和权利等一般问题的学科，因而既有理论性，又带有应用性。而马克思法哲学思想是在马克思对康德、黑格尔、费尔巴哈、施蒂纳等人的哲学思想的扬弃过程中形成的，在这个过程中，马克思实现了由唯心主义法哲学观到历史唯物主义法哲学观的革命性飞跃，从而创立了马克思主义的法哲学世界观和方法论，开辟了马克思主义法哲学发展的新天地。

另外，关于马克思法哲学思想形成和发展不同阶段的划分，国内学者也有不同看法。公丕祥认为应划分为三个阶段：第一个阶段是从1835年到1848年，这是马克思法哲学观的形成过程；第二个阶段是从1848年到1871年初，这是马克思法哲学思想的发展过程；第三个阶段是从1871年到1883年，这是马克思法哲学思想的深化过程。笔者认为，在这个阶段，马克思通过对古代公社史的研究，阐发了历史唯物主义的法律文化观，从而进一步深化了自己的法哲学思想。

笔者认为，考察马克思法哲学思想的分期问题，应当从马克思法哲学思想演变中的"质点"出发，遵循历史与逻辑相统一的原则，而不是仅仅根据马克思的生活工作经历和外部环境的变化进行划分，也不能简单地跟从马克思主义哲学的阶段进行划分。本书仅仅节取了马克思法哲学思想的早期阶段，即相当于公丕祥提出的马克思法哲学思想的形成阶段，这个阶段并不是超然于马克思主义理论大厦之外的孤立的个体。具体而言，可以分为如下三个阶段。

第一阶段，从1835年到1842年上半年，即从马克思在大学就读到《莱茵报》创办前期，这是马克思确立新理性批判主义法哲学观的过程。

第二阶段，从1842年下半年到1844年初，即从《莱茵报》创办后期到《德法年鉴》创刊，这是马克思由唯心主义法哲学观向唯物主义法哲学观过渡的时期。

第三阶段，从 1845 年 9 月到 1846 年初，从《1844 年经济学哲学手稿》到《德意志意识形态》，标志着马克思唯物主义法哲学思想的正式确立。

笔者认为，马克思早期法哲学思想从时间的维度上看并不算长，但它是马克思主义哲学以及法哲学理论体系的重要组成部分。在这个不太长的时间内，马克思相继完成了对康德哲学、黑格尔哲学、施蒂纳哲学、费尔巴哈哲学的批判和超越，在探索法哲学的道路上如同一位"盗火者"，孜孜不倦地探索法的本质，终于廓清了遮蔽法哲学领域的重重迷雾，结束了法哲学领域上唯心主义长期以来的统治地位。

最后需要指出的是，马克思法哲学思想与唯物史观在形成、发展的阶段划分上有重叠的部分，但这两者是有根本区别的。唯物史观是马克思哲学的核心成果，被称为马克思一生最重要的两大重要发现之一，揭示了包括资本主义社会在内的整个人类社会发展的普遍规律，从而改变了以往人们对历史的一切旧解释。而马克思法哲学思想是马克思对法的本质、权利问题、国家与市民社会等的哲学认识，主要散落于马克思早期的著作之中。但马克思法哲学与唯物史观的确有着重要的关联性，马克思的哲学之路是从法哲学起步的，而在唯物史观的创立过程中，马克思始终带着对法的本质问题的研究。甚至可以说，唯物史观就是在马克思对黑格尔唯心主义法哲学观的批判中逐步创立的，是在《德意志意识形态》中最终确立的。我们可以理解为，马克思对法的本质的把握和对历史规律的认识是相互促进的，也正是在唯物史观的帮助下，马克思才实现了对唯心主义法哲学基础的彻底否定。

第一章 马克思早期法哲学思想的
近代理论渊源

　　马克思法哲学思想扎根于 19 世纪西方社会文化的深厚土壤，在西方法哲学传统和理论来源上生长，在对前人优秀理论成果的批判和扬弃中不断发展壮大，最终成长为一颗参天大树，同时也引领了西方哲学思想发展史上一场伟大的革命。可以说，马克思法哲学思想的形成，得益于西方哲学家、政治家在一定历史时期的哲学思想，无论是康德的理性主义法哲学观、黑格尔的思辨理性主义法哲学，还是德国历史学派的观点、德意志浪漫主义思想，都曾为马克思法哲学思想大厦的奠基和建设注入了丰厚的思想养料，成为其重要的理论渊源。

一、康德理性主义法哲学观

　　毫无疑问，作为德国哲学革命的旗手和德国古典哲学的先驱，康德在汲取和吸收古希腊罗马以来优秀法学思想的基础上，通过大量的批判性研究，建立起了极具个人特色的法哲学体系。在康德的法哲学世界里，先验理性、道德哲学、意志自由构成了重要的基础。在这一世界里，康德在以道德哲学为底线的前提下，以意志自由为出发点和立足点，试图寻找法的一般原则的基础，他从先验理性出发，经过演绎推理和逻辑思辨，提出了一系列维护人的自由的法律制度，对后世影响深远。应当指出，从高度关注人的自由出发，马克思法哲学思想始终带着对社会现实和法律制度的关注，这与康德对马克思的影响是分不开的。

（一）康德的法哲学之路：从道德到权利的转换

道德哲学与法哲学看似都属于哲学体系中的内容，两者实则有很大差别。在康德哲学观中，道德哲学主内，对应内在世界，强调内在意识驱动力，而法哲学则主外，以现实的条文例法来对人的行为进行规范。对于这两者的转换，康德做了不少努力。

一方面，康德的哲学是一种先验理性哲学，他把道德和法都建立在先验理性的支点之上，这就为道德哲学向法哲学的转化创造了理论基础和前提。和道德法则一样，康德追寻的权利基础也建立在先验的基础之上。以先验理性哲学为支点，以此为基础，将道德和法都建立在此基础之上，为道德哲学向法哲学的转换提供契机。可以说，康德在先验理性和道德哲学基础之上来建立法哲学，也正是借助于先验理性原则，康德实现了道德哲学和法哲学的一致。也就是说，通过先验理性这一个重要支点，康德架起了一座从道德哲学通往法哲学的桥梁。康德很清楚自己的哲学所属的哲学范畴——先验哲学。在两者都依托先验理性主义的背景下，康德开始寻找两者之间的联系——都来源于纯粹实践理性，因此从理性中寻找权利的出发点再科学不过。由此，康德的法哲学变得有迹可循，首先借助于先验理性原则，将其与道德哲学相结合，进而作为法哲学的建模基础，在此基础上使道德哲学与法哲学进行交汇融合。结果显而易见，通过先验理性，道德哲学与法哲学彼此交融，方向一致。

另一方面，由于人类的特殊性和复杂性，就道德立法这一层面而言，存在一定的局限性，正如人所具有的双重品格——经验和理性。而如果要维护社会中人际的正常秩序，道德哲学向法哲学之间的过渡则变得尤为必要。人是意志型动物，意志是人区别于动物的重要标准。因此，这也意味着人所表现出来的双重性实则是由意志的双重性决定的，即如今我们常说的相对自由，既受客观因素的影响，又不失自由。因此，需要内外兼修，道德修内，法修外。该结论是康德确定从道德哲学通往法哲学的重要因素。人具有原始动物的欲望和需求，因此应更加强调对欲望的控制，作为对感性的控制，理性则是最好的选择，通过理性从而达到真正的意志自由。可以说，道德约束与法律约束是源与流的关系，道德是源，约束内在，但由于源头的复杂性，需要外在的法律来进行维护和修整，进而才能源远流长、生生不息。由此，康德的道德哲学进入了法哲学领域，在权利领域中实现欲望与自由的平衡。

（二）康德法哲学思想的主要内容

在西方哲学世界，康德的地位不言而喻，日本学者安倍能成评价他，"恰似一个处于储水池地位的人"，"以前的哲学皆流向康德，而康德以后的哲学又从康德这里流出"。康德在构建起了三大批判基础上的批判哲学体系以后，更看到他哲学体系中存在的空白，"主要表现在人与人之间联结成的公民社会中的客观法则未论述"。因此他在之后的一系列作品中增加了公民社会和国家政治的论述。当然，康德的法哲学是以其道德哲学为基础的，这是因为作为康德法哲学理论核心的权利法则，是从道德的最高原理即绝对命令，尤其是从作为绝对命令的第一个公式中引申出来的，这个公式就是"要只按照你同时认为也能成为普遍规律的准则去行动"。甚至可以说，康德的法哲学思想是绝对命令的外化。

康德的法哲学体系自成一派，见解深刻而独到，其中对自由、道德等法权哲学问题有许多独到的见解，在哲学界中独树一帜，为马克思主义哲学的产生提供了十分重要的理论依据，具有重要的参考价值。

1. 康德法哲学中的自由问题

在康德的哲学体系中，自由意味着最高的概念和原则，这是他整个哲学世界的基础，自然也是他法哲学思想的基础。关于"自由"这一亘古议题，康德有自己的解读，他认为"自由是唯一的自然权利，是独立于他人的强烈意志而存在的。没有人能强制我按照他的方式获得幸福，而是每一个人都可以按照自己所认为是美好的途径去追求自己的幸福，只要不影响他人的自由"。这一自由定义是康德通过先验哲学体系进行论证的一次成功尝试。其间，康德对个体自由给予充分的肯定和支持，并认为人的自由的权利是有前提的，即先验实践理性，这是独立于他人意志之上的。这就意味着，每个人都有选择自己生活方式的自由权，此权利掌握在人的手中，对于这些生活方式的选择，则是人纯粹理性决定的。但是，康德对自由和权利的表述是纯粹的理论概念，其内容不够具体形象，并且从整体上而言缺乏目的性。

自由意志贯穿康德哲学范畴的核心并对康德的整个哲学

体系有着决定性的影响，包括其后期的法律概念。康德认为法律也是建立在人与人之间的自由意志相互协调的基础之上的，法律存在的意义是对个人自由进行维护，强制性的维护，这便是法律。在康德的概念中，自由与生俱来，神圣而不可侵犯，这是所有人与生俱来就被赋予了的权利，平等而盛大。自由意志和理性是两组同时存在于人们身上的特性，并被保护着，权利的普遍法规定拥有这两类特性的人都拥有平等的自由权利。因此，基于权利法则公式，个人行为与他人的自由相互作用，只要一方失衡，则侵犯了普遍法中规定的自由权。

2. 权利问题是康德法哲学的理论核心

康德对于权利原则和伦理原则的解读也有一套自己的依据和判断标准，他将权利原则和伦理原则等同划规于道德法则之下，也属于自由法则，但是这些自由法则受理性法则约束，因此这些法则本身不具有任何效力，等同于形式化内容。而在权利命题方面，康德认为，权利基础应当在纯粹理性中探讨和获取，而不应从经验中寻求。他从纯粹理性概念入手，将其置于先验哲学之下。因而，关于权利以及其基础论证，康德始终将纯粹实践理性作为法哲学的基本路径。在此需重申的是，康德先是建立了道德哲学，而后才向法哲学转化，因此也可以将康德的法哲学视为道德哲学身上衍生出的产物。从另一个层面上来讲，实则是道德哲学在运用和实践过程中的延伸。但与此同时，康德在建立权利原则的基础上使用的是道德原则，作为意志自由的产物，道德原则也是可以被称为无需证明的先验实践理性，由抽象的概念建立起来的体系仍是抽象的。因此，抽象性成为康德哲学中的一大难以逾越的鸿沟。

普遍权利法是康德以先验实践理性为基础建立起来的，

拒绝从经验中寻求权利基础，主要是用以评判和维持个人行为与别人的意志自由之间的平衡状态。以道德分析为基础，康德最终在先验理性哲学的基础上寻出了道德原则的公式，与此同时还对自由意志进行了进一步的总结。此次论证中，康德将权利的普遍法作为基点，以此为基础对人的自由本质进行逻辑论证，将权利视为自由的本质。从在道德基础上建立的权利法则公式出发，个人行为与别人的个人意志可以共存，但任何产生阻力的行为则是对人权的侵犯，在该法则条件下，要达到的平衡是个人自由行为与他人自由行为能并行不悖。这种形式实则近似于两个集合中，交集是达到平衡状态下的理想模式。此概念和行为模式过于抽象化，但可以明显地看到其中个人行为自由与他人行为自由的相互制约性，只是概念过于抽象化和模糊，所有人的自由空间过于宽泛而不具体，容易导致概念上的混乱。

（三）康德法哲学思想对马克思的主要影响

无论是意志自由抑或个人行为自由，康德哲学体系中，"自由"的旗帜一直高高飘扬，这与接受了18世纪启蒙运动的洗礼，热情追求自由的德国人的思想不谋而合。四处充斥着对自由的追求以及启蒙运动的蓬勃兴起，这便是马克思生长的精神环境。因此，康德的思想，特别是对自由的追求，对于年轻的马克思来说，充满了迷人的诱惑力。大学时期，马克思开始研究康德的思想，他支持康德关于人是自由的、理性的行动者这一观点，也认为自由是人追求的终极目标。康德的法哲学，包括其对法律的理解，都对年轻的马克思产生了深刻的影响。受康德法哲学的影响，马克思对自由和法律有了更为深刻的认知，认为法律与自由密不可分，在阶级社会里，法律是为实现自由保驾护航的重要保障。由于受康德法哲学的影响以及自身对理性主义的追求，马克思渴望以康德理性自由主义法哲学为指导，建立一个属于自己的法哲学体系。

康德在权利划分这一领域分得比较系统，他将权利分成了三个部分，分别是物权、人格权以及在社会契约基础上确立的人格权，主要反映了当时社会人权思潮的兴起。关于人的权利方面，受康德影响，马克思认为人的权利是建立在社会契约的基础之上的。同时，马克思强调人的自由，对保守封建的专制法律和阶级法律进行了抨击和批判，认为这些法律违背了人的自由，是对价值和尊严的侵犯。从这些观念上，我们很清晰地看到了康德的影子。结合前文可知，康德哲学特别是法哲学思想，尤其是对自由和权利的推崇，对马克思产生了重大影响，为后期马克思所提出的社会本质问题打下了重要的理论基础。

二、马克思对德国历史法学派观点的批判与吸收

德国历史法学派诞生于 18 世纪末 19 世纪初，在马克思所生活的时代里，尽管有许多法理学理论和法学流派，但历史法学派无疑是其中的核心和主角。

德国历史法学派所提倡的内容正如其名，主张历史实证主义，这对于理性主义及自然法哲学而言显然是一个新的突破，此外，他们还主张在阐释和运用法律方面也要坚持运用历史的思想进行辨析。值得一提的是，德国历史法学派最早运用历史性的实用主义批判对法学进行解释和运用，这对法学的发展是一次重要推进。德国将历史主义带入了法学领域，认为法

学是历史发展的产物，能够反映出民族的文化特点，这也反过来促进了历史主义的繁荣，使得历史法学派在西方乃至整个世界的法学界开始崭露头角。美国社会学法学派的创始人罗斯科·庞德就说："在19世纪，历史法学派基本上代表了法学思想发展的主流……人们关于历史和历史解释的观念影响了所有的法律和法律文献。"尽管德国历史法学派在影响力上取得了空前的成功，甚至对整个西方乃至世界的法学和历史学都产生了重大影响，但实际上自这一学派诞生以来，就一直饱受争议和批判。

马克思法哲学本质上是批判的法哲学，马克思对德国历史法学派的批判主要针对的是该学派创始人古斯塔夫·胡果和最重要的代表人物萨维尼。他于1842撰写的《法的历史学派的哲学宣言》对历史法学派进行了深入的批判，可以说，德国历史法学派以另一种方式成了马克思法哲学思想的理论来源。

（一）德国历史法学派的主要理论脉络

德国历史法学派以历史主义为理论基础，所谓历史主义，主要是指将事物的发展历史化，按照历史发展的普遍趋势和倾向的惯性进行分析和解释。历史主义强调的主要是趋势性发展，既重视具体的、个别的事物的发展，又重视历史趋势性的发展。

历史法学派的理论观点是在对自然法学的批判过程中形成的。古典自然法学派宣扬人类理性精神，认为自然理性是发现法律规律并成功定制法律条文的重要原因，前者与后者形成的是因果关系。作为理性的推崇者，康德曾豪迈地宣称："给我理性，我可以创造一切！"但历史法学派对此持怀疑态度甚至反对态度，他们认为在转型的时代中，理性无法提供一个万能的法律，并主张在历史进程中审视和验证法律的体系。他们认为历史而不是理性才是法律的源泉和根本，并批驳理性的先验假设。

作为德国历史法学派的重要创始人之一，古斯塔夫·胡果是最早将历史主义运用到法律领域中的，在他看来"研究历史不是要阐明原则，而是要发现原则——自然法则必须要让位给历史法则"。萨维尼作为历史法学派的重要代表人物之一，则将目光投向了民族性，他认为"法律是国民生活的一部分，应当从一个民族的历史发展角度来进行阐释和研究"。通过历史法学派的不断努力，一直被关在理性主义自然法的牢笼中的思想终于被解放出来。这是法学理论研究的一个重要转折，由此理性的抽象开始向历史的具体转变。

历史法学派对法学的观点自成一派，对法律也同样如此，他们认为法的形成不是立法的结果，而是历史和民族长期发展的产物，每个国家和民族都应当以自己的历史、独特的法律文化和法律传统来制定法律。因此，制定法律必须立足于历史、立足于社会、立足于民族，这样的法律法规才适合本民族的发展。对此，历史法学派的集大成者萨维尼总结得十分精准："历史法学派始于这样一个假设，实在的法律源自一个民族的全部过去，源自一个民族及其历史的本质最深处。"概括而言，德国历史法学派的主要观点如下。

其认为法律不是理性的产物而是民族历史和民族习惯的产物。关于法的起源说，德国历史法学派创始人之一胡果在其著作《将自然法学作为一种实证法哲学的教科书》中明述："法律是整个民族生活的一部分，我们只有在民族生活中才能了解法律。"对康德根据"先验理性原则"中的先天经验判断得出法律准则的做法，胡果显然是不认同的。与此同时他也提出了自己的观点，认为法律独立于所有形式的先天因素，因此无论用何种先验理性化的方式来审判法律和评判法律都是不对的。该观点也从侧面论证了胡果偏向于或者支持法律实证主义。如若回到实证法规则的来源，胡果则更重视被经验证实过的规则，这也是为什么胡果坚持从习惯法和现行法中衍生出规则的重要原因，因为行为是法的起源和归宿。

萨维尼与胡果的观点一致，也认为从传统和习惯中得出的法更为重要，而不是通过先验理性立法。这一观点他在其著作《论立法和法理学在当代的使命》中也有所表示。在书中萨维尼推翻了自然法论断，认为人类根据普遍性原则制定出来的法律法典是不切实际的，同时法律也不是个人意志的结果，而是一种"内在的，默默起作用的产物"。相反，他认为，"由于习惯及习惯法在根本上直接体现着民族精神。所以它具有顽强的生命力，也最能达到法的固定性和明确性，最终使其超越了立法的地位"。历史法学派将习惯中衍生出的规则或者是习惯法称为活法，即活的法律。活的法律简单而言便是法律的生命力，这种生命力来源于各个民族的传统习惯，受用于实际社会生活中的普遍场景，并且即使随着时间的推移也不会被削弱和消融，这才是法律真正的生命力。

（二）历史法学派观点的局限性

诚然，历史法学派的出现是对18世纪自然法学派中对理性主义过度推崇的一次逆转，将理性主义从高高在上的神坛上拉了下来。然而，当我们将视野放在宏阔的时代背景下便会发现，历史法学派的产生、发展、壮大也深受德意志浪漫主义的影响。19世纪德意志爆发的民族危机和民族运动的兴起和发展，使得人们更加关注民族自身的历史习惯和民族精神。在德意志浪漫主义的影响下，历史法学派有了坚实的理论基础。不仅如此，现实社会的急剧动荡，民族意识形态开始发生变化，民族归属感和认同感逐步生成并持续加强，这都为历史法学派的崛起提供了民意基础。在这样的形势下，理论实践双管齐下，历史主义终于破土而出苗壮成长，慢慢呈现出向阳而生的态势，最后发展成对整个法学领域影响深远的历史法学派。

即便历史法学派在19世纪得到了迅猛发展，给人们的思想带来了巨大的洗礼，但它所受的质疑和争议从没有停止过，由此也可以反映出历史法学派本身具有一定的局限性。

首先是理论上过于保守。政治环境是实现法律变革的重要场所，而保守性和守旧性将变革的动力和优势明显拉低。萨维尼将历史主义应用到法律领域，注重从民族的历史中寻找答案，却忽视了现实环境的变化对法律的重大影响，成了"那个时代用以对抗反动和革命这两个从相反方向袭来的危险的最坚固的堡垒。"

其次，时间和方法论跟不上理论的发展，并且脱离了法学实践。历史法学派将视角禁锢在国内民族，既缺乏周全性和前瞻性，又忽视了法律的流通和借鉴，影响了法律的发展。另外萨维尼以自己的影响力抵制《德意志民法典》的撰写工作，造成进程缓慢，直到他去世以后，法律改革者的热情才重新得到释放。

最后，历史法学派过于强调历史性与民族性，忽视了法律中的价值普遍性，导致其不可避免地陷入虚无主义之中。当时历史法学派的影响力十分强大，诸多历史法学派大家如萨维尼等相继抵制、批判自然法则，将其全盘否定。自然法学派虽然被拉下了神坛，但历史法学派又坐上了那个位置，人民的所有目光被历史和民族精神吸引，陷入了对历史法学派的迷恋之中。

（三）马克思对历史法学派观点局限性的克服与超越

正如马克思对黑格尔的批判构成了他的法哲学思想重要组成部分一样，对历史法学派的批判和超越同样融入了他的法哲学思想之中，从这个意义上看，历史法学派的思想和主张同样也成了马克思早期法哲学思想的理论来源。马克思对历史法学派的批判主要集中在这一学派的创始人胡果和代表性人物萨维尼身上，在批判中，马克思完成了对历史法学派观点局限性的克服与超越。

第一，马克思反对历史法学派的怀疑主义。历史法学派带着对理性先入为主的天然排斥，导致其论证中出现了根本性偏差，认为"人在法律上的唯一特征就是他的动物本性"，想要掌握"事物之法"，绝不可能依靠理性，而是只能通过历史的观察方法。应当指出，胡果的这种观点具有部分合理性，但其对理性的天然拒绝不可避免地陷入了一种怀疑主义之中。对于这种排斥理性的论证逻辑，马克思嗤之以鼻，并用了"轻佻"予以概括。他认为，"历史法学派是对18世纪轻佻精神的一种反动。这种观点流传的广泛性和它的真实性恰好成反比。确切地说，18世纪只有一种产物，它的主要特征就是轻佻，而这种唯一轻佻的产物就是历史法学派"。胡果对于理性的排斥态度在马克思看来是一种极为天真幼稚的观点，并认为胡果将符合事物本质的东西视为怀疑对象，本身是一个否认事物必然本质的怀疑主义者。马克思很直接地将这部分的论证内容舍弃掉了，否定了这种行为和主义，并直接指出胡果本身存在的问题，即为了否定理性而否定，同时把其中许多合乎道德的内容也否定了，这显然进入了误区，是"一种否认理性存在的怀疑主义"。

第二，马克思反对历史法学派的"起源崇拜"。历史法学派尝试以历史的方法思考一切关于法律的问题，企图打着研究起源的旗号将法律放到历史起源中去，以历史主义来强制性证明法律的正确性。马克思对于这种行为和观点持反对态度，并将之称为盲目的"起源崇拜"。马克思用了一个形象的比喻，认为这是船夫去河流的源头航行，而没有在干道上航行。

马克思开始对历史法学派进行第二次猛烈抨击是在萨维尼被任命为普鲁士法律大臣之际，此时历史法学派的理论已经成为立法依据和参考。人马克思选择在这个时候出击主要是想及时纠正错误，他不无嘲讽地指出："这个夏洛克，却是奴才的夏洛克，他发誓要凭他所持的借据，即历史的借据、基督教日耳曼的借据来索取从人们胸口割下的每一磅肉。"这赤裸裸的抨击和揭露，充分揭示了历史法学派以"历史法"为工具，成了旧制度的帮凶。在马克思看来，对过去的沉湎不但不能够使德国变得更加强大起来，反而成了维护旧制度的盾牌。借用历史，历史法学派将其冠冕堂皇地变成了助长不良风气的社会法规。

第二章　马克思早期法哲学思想演进历程

　　马克思的法哲学思想是在宏厚的思想背景下形成的，18世纪二三十年代，相继诞生了许多伟大的法哲学著作，例如黑格尔的《法哲学原理》和奥斯丁的《既定的法理学范围》，也标志着两个法学派的形成，即哲理法学派和古典实证主义法学派。哲理法学派在当时以康德与黑格尔为代表，边沁与奥斯丁则是当时古典实证主义法学派的先锋，而马克思法哲学思想受哲理法学派的影响更为深远。我们甚至可以说，马克思法哲学是在对康德和黑格尔思想进行吸收和批判的过程中形成并逐步成熟的，经历了从唯心主义到不彻底的唯物主义再到彻底的唯物主义的转变和进化。在这个过程中，康德的理性哲学、黑格尔的辩证思维和费尔巴哈的唯物主义思想都起到了重大作用。

　　在考察马克思法哲学思想发展的过程中，我们可以得知马克思大学期间所学的法律知识是其唯心主义法哲学思想的重要基石，此后通过对黑格尔法哲学思想特别是其辩证法的学习，马克思形成了以唯心主义为基础的理性自然法哲学思想体系。但这套思想体系在社会实践中屡屡受挫，马克思开始研究黑格尔这套哲学的弊端，而用于改进的主要思想武器则是费尔巴哈的唯物主义。因此，在对社会实践和费尔巴哈的唯物主义进行思考基础上，马克思写出对其思想转折具有重要意义的《黑格尔法哲学批判》这一论著。通过这一著作，马克思确立了"市民社会决定国家和法律的制定"这一观点，标志着马克思开始了由唯心主义向历史唯物主义法哲学思想的转变。在对市民社会经济基础的进一步探索中，马克思还撰写了论著《1844 年经济学哲学手稿》；通过《关于费尔巴哈的提纲》《德意志意识形态》的撰写，马克思完成了对施蒂纳无政府主义法哲学和费尔巴哈唯物主义中历史唯心主义部分的批判，标志着马克思历史唯物主义法哲学观的最终形成。

尽管马克思并没有建立有关法律的一整套著作体系，但在思想链条上能看到清晰的逻辑。通过研究马克思法哲学思想的形成过程，我们不难发现，其是一个新理性自由主义法哲学到不彻底的唯物主义法哲学再到彻底的唯物主义法哲学的一个深化和变革的过程，在这个过程中马克思不仅揭示了人的本质，而且挖掘出了法哲学的本质。

一、新理性自由主义法哲学观的形成

从马克思法哲学思想体系的形成过程来看，在马克思读大学期间，马克思深受康德自由主义法哲学和理性现实主义法哲学的影响，认为法是理性的产物，由人的自由理性决定。这一辩证关系直接影响到国家的政治发展和法的制定，人类理性自由是衡量一切国家政治和法的最高标尺。我们将这一阶段的马克思法哲学思想称为新理性自由主义法哲学价值观时期。

正如德国马克思主义者柯尔施表述的："这其实在一定程

度上也是康德理性自由主义法哲学和黑格尔理性现实主义法哲学相互交汇并融合的一个过程，在这个过程中自由和理性则成了马克思探索法律领域问题的主要立足点。"

（一）康德理性自由主义法哲学观的重要影响

大学时期的马克思深受浪漫主义的影响，对康德的法哲学思想有高度的认同感，特别是康德思想中关于自由权利和体现人的价值的部分对马克思具有莫大的吸引力。这也直接促使马克思从波恩大学转学至柏林大学以后，立即投入对康德法哲学思想的学习之中，习读了大量关于法学的作品。

由于马克思对康德法哲学的高度认可，因此，康德理性自由主义的法哲学思想成了马克思早期探索法律领域的重要指引。有了这个立足点之后，马克思试图将法学和哲学这两个部分融合起来，建立起自己的法哲学系统。通过观察马克思给他父亲的信我们可以发现，法哲学体系在马克思的观念中应当包含两个部分，分别是体现先验理性的形而上学的法和融合形式法和实体法的哲学法。

这个体系是年轻的马克思以康德自由主义法哲学为基础，在浪漫主义情怀影响下的应激式产物，但在现实面前，康德先验理性主义哲学的弊端开始显现。这主要是因为康德法哲学的本质是建立在"应有"和"现有"二元对立的基础上的，换言之即抽象的理性主义和现实主义之间的矛盾和对立。康德将法分为"应然"和"实然"，即在前者的基础上去探索后者，并以此为基础探索法的理论体系。由于该方法本身的局限性，马克思在开始创作之时就遭遇了重重阻力，他按照康德和费希特的思想去建立法哲学体系的初衷终于破灭，陷入了泥沼之地。

(二) 马克思早期法哲学思想的重要转向

康德法哲学的思想观念中存在极大的不和谐，特别是"应有"和"现有"之间的矛盾和对立，让马克思停止了"在太空中飞翔，对未知世界在黑暗中探索"的行为。马克思发出感慨："帷幕降下来了，我最神圣的东西已经毁了，必须把新的神安置进去。"他开始明白立足于现实的法哲学观才更具有说服力，因此他开始回归日常事务，从生活实践中去探索法哲学的思维模式。阅读了许多与黑格尔学说相关的书籍之后，马克思开始深入学习并研磨黑格尔的哲学理论。黑格尔学说对于马克思而言甚似一面镜子，让马克思的哲学思想体系得以不断地修正。其中让马克思着迷的还有黑格尔对于哲学的态度，"哲学的任务在于理解存在的东西，因为存在的东西就是理性"。自此，马克思哲学思想得到了进一步升华，他运用黑格尔的学说对自己原有哲学思想进行了深刻的检视，进而看到自己的旧哲学布满了漏洞，甚至连整个体系都是虚无缥缈的。

从"应有"和"实有"的对立到理想和现实的结合，马克思开始了思想转化过程，即从康德的理想主义转到了理想与现实统一的黑格尔哲学，开始重视与现实结合的意义，在矛盾与统一中去探索哲学体系。不过，值得一提的是，马克思在由理想主义转向现实主义的基础上开始新一轮法哲学思想体系的探索和尝试的同时，也没有完全将康德主义丢弃，只是刨除了其中的先验论和二元论原则，不再推崇从"应有"去推演"现有"，将康德的理性自由和人的权利思想继承了下来。

与对康德的思想采取不完全继承方式一样，马克思对黑格尔的思想也并没有全盘接受。例如，对于黑格尔在政治上的保守以及妥协的部分，马克思并不支持，他主要汲取的是黑格尔思想中的理性现实主义法哲学精神和辩证法部分，即主张从事物的内部矛盾去掌握事物的属性和状态，强调从事物的理性出发，实现思想与存在的相互统一。也就是说，马克思既吸收了康德主义的积极因素，又吸收了黑格尔主义的合理内核，并在综合两者的基础上形成了新理性批判主义法哲学观。

马克思这种法哲学观的形成与他所处的那个时代息息相关，事实上，马克思的思想进程和理论探索无时无刻不在与现实的发展发生密切的关系。

受黑格尔思想的启发，马克思认为国家是理性的最高点和最终归宿。此外，马克思在此期间的许多论断具有真理性的意义，也被后世人们奉为圭臬，其中最具有代表性的是"法典就是人民自由的圣经"这一论断，在人类思想史上一直闪耀着智慧的光芒。

二、由唯心主义法哲学观向唯物主义法哲学观的转变

马克思前期的法哲学思想受康德和黑格尔哲学观的影响，主要以唯心主义为主，尽管期间也有做一些尝试，但马克思开始向唯物主义法哲学转变是在 19 世纪 40 年代初。这一时期马克思思想的主要导师扮演者是费尔巴哈，在费尔巴哈的唯物主义思想的影响下，马克思开始了对黑格尔法哲学的批判，使自己的法哲学思想实现了重大转向。在此期间，马克思发表了《黑格尔法哲学批判》和《论犹太人问题》。在《犹太人问题》中，马克思将国家、法以及市民社会三者之间的关系进行了重新论证，完成了黑格尔法哲学中国家理性主义部分的分离与升华。

（一）马克思"苦恼的疑问"

在未深入了解社会生活之前，马克思一直想实现市民社会问题的彻底解决，对国家和法律进行改革是一条必经之路。但在《莱茵报》工作的后期，现实问题的不断冲击，使马克思开始重新审视新理性自由主义法哲学观。尤其是第六届莱茵省议会将理性自由这一普遍法则视若无睹，为了维护林木所有者的利益而忽视了绝大多数人的立场，使法律沦为权力与利益的附庸。这一事件让马克思的思想体系遭受到了冲击。在《关于林木盗窃法的辩论》这本书的写作过程中，马克思感到自己必须要面对"物质利益"这个他从未认真思考过的话题，他开始意识到："应该为了保护林木所有者的利益而牺牲法的原则呢？还是应该为了法的原则而牺牲林木所有者的利益呢，——结果利益占了上风。"法律在面对利益时，将会失去自由理性的属性而成为附庸和工具。马克思看到，省议会在审议法案时，成了林木所有者的代表，为其所谓的"习惯权利"做辩护，无视受害者的合理诉求和利益。整个操作法律的过程表现出私人利益试图凌驾于法律之上，从而使法律成为为一己私利牟利的工具，完全违背了人们遵从和认同法律的初衷。马克思对此感到极度失望和愤怒，并写道："就是要保证林木所有者的利益，即便因此毁灭了法和自由的世界也在所不惜。"

此时，尽管马克思还沿用黑格尔的"理性国家"思想，认为个人利益必须服从法律标准，而不能凌驾于法律和国家之上。但与此同时他也看到，由于执法操作者是人，私人利益将化装成各种形式无孔不入。这些现象与马克思所坚持的"永恒不灭的法"这一观点背道而驰，法律成了为求私利的人谋取利益的帮凶。马克思脑中产生了许多矛盾与不解，他想不通为何国家和法这样本应至高无上的存在却也沦落成了想要谋取私利的人的工具，他开始了对法是理性自由的体现这一观念的拷问。但与此同时，马克思脑中又出现了另一概念——"物质利益"。

在经历了这一事件的冲击之后，马克思的新理性自由主义法哲学思想产生了动摇，这也是导致马克思感到苦恼的原因，这就是他后来在《政治经济学批判》序言中提到的那个"苦恼的疑问"：在黑格尔的法哲学中，国家是"道德理念"的最高体现，法是自由与理性的直接表达；然而在现实生活中，国家和法却被降低到私人利益维护者的水平，成了牟取私利的工具。

由此可知，马克思此时的思想焦点已经转移到了社会现实与法的关系层面上，但他的法律辩护还停留在抽象的法理论逻辑之中，并没有建立起从社会经济出发的理论链条，还具有明显的唯心主义气质，因此有学者发出感叹，"可以说，马克思的一只脚已踏进了现实世界，而另一只脚却仍留在唯心主义的精神世界里"。但马克思很快意识到了问题的根源，他开始重新审视黑格尔法哲学观，并开始成为一名唯物主义者。

（二）从黑格尔到费尔巴哈：过渡时期的马克思法哲学思想

这一"苦恼的疑问"所衍生出来的新的概念——物质利益，让马克思原本单纯的国家理性法哲学这一坚持发生了动摇，他开始对之前的理性世界观和原来所持的法哲学观进行重新的审视与反思。但由于思维惯性，马克思仍没能跳出自由理性思想的禁锢，无论是之前的"私人利益"还是后来衍生进化出的"物质利益"，马克思思想的基础仍是国家理性和国家伦理。但马克思意识到了利益是导致法根基不稳的根源，因此开始寻求新的解决方法。

在前期马克思用黑格尔的理性国家观对可观的社会现实进行批判的时候发现，黑格尔这种抽象的唯心主义法哲学观难以对事物进行有力的论证，特别是在涉及物质利益时更是漏洞百出。因此，马克思抛弃了黑格尔那一套"理性与实在同一"的分析方法，而是尝试从客观事实本身进行实事求是的考察和分析。

现实社会中物质利益所引发的问题，使马克思开始不再对黑格尔的法哲学思想马首是瞻。就在马克思意识到必须要寻求新的思想引导时，唯物主义哲学家费尔巴哈的著作《基督教的本质》刚好给了正处于迷茫中的马克思光明的指引。在文中，费尔巴哈对思辨哲学进行了批判和颠覆，并且对存在与思维以及物质与精神之间的关系进行了重新论证和定义，从唯物主义思想出发提出了以人为中心的人本观。费尔巴哈的人本主义和唯物主义使马克思真正意识到了实践才是理论最终的归宿，而法律的制定必须要在现实生活中实现其价值和意义。借助于费尔巴哈的唯物主义和人本哲学思想，马克思站在唯物主义立场上，对黑格尔思辨唯心主义的国家观和法律观发起了批判，从而为历史唯物主义法哲学观的诞生立下了坚实的理论基础。

（三）马克思唯物主义法哲学观初步确立

费尔巴哈的唯物主义观带来的巨大影响，加上当时社会现实对马克思以黑格尔主义为基础的法哲学体系造成的极大冲击，双重作用下，马克思的法哲学思想发生了质的飞跃。正如他后来提到的："为了解决使我苦恼的疑问，我写的第一部著作是对黑格尔法哲学的批判性的分析。"尽管马克思对黑格尔的批判建立在唯物主义观的基础上，但马克思对后者的思想并非全盘式地接收，他主要继承的是其中的唯物主义部分，即从存在到意识、从现实到法律。而对于费尔巴哈"过多地强调自然而过少地强调政治"的思想，马克思并没有采纳。他认为法应该是与社会实际相结合的，不能把法简单认定为"感觉的真实性和可靠性"，要想揭开法的真正面纱，必须从现实生活和法律变迁出发，建立起对国家政治和市民生活的准确认识，这样才有可能得出具有真理性质的答案。为了撰写《黑格尔法哲学批判》这一著作，马克思还特地搬到了莱茵省的小城克罗茨纳赫，期间他做了大量的研究，系统阅读了西方近代以来的政治理论著作和历史书籍以及早期的资产阶级作家的部分书籍，并做了大量的摘述和笔记。

在《黑格尔法哲学批判》这本著作中，马克思对黑格尔哲学进行了全面的批判，特别是在国家与个人关系问题上，直指黑格尔神秘主义国家观的缺陷。在黑格尔看来，家庭、市民社会、国家的地位是不平等的，国家是"绝对自在自为的理性的东西"，是客观精神的最高体现，也是伦理发展的最终去处，在这个结构中，家庭与市民社会只能处于从属位置，依附于国家的存在而存在。但在费尔巴哈的启发下，马克思开始对黑格尔的这种国家观进行反思和批判。他认为，国家是人类社会发展到某一阶段的产物，国家的存在必须以家庭和市民社会为基础。"国家没有家庭的自然基础和市民社会的人为基础就不可能存在。它们对国家来说是必要条件。"在批判黑格尔所认为的国家与市民社会的关系过程中，马克思认为，"黑格尔把具体的内容变成了形式之物，而将完全的形式变成了具体的内容。实际上，家庭和市民社会是国家的前提，它们才是真正的活动者；而思辨的思维却把这一切头足倒置"。由此也得出了他的著名论断：不是国家决定市民社会和法，而是市民社会决定国家和法。在这里，我们还隐约看到了马克思另一句呼之欲出的著名论断——法律作为上层建筑由经济基础决定。

三、马克思历史唯物主义法哲学观的形成

在《黑格尔法哲学批判》中，马克思建立起了"市民社会决定国家和法"的观点，但此时马克思对于市民社会并没有去深入地了解，新的疑问驱使着马克思阅读了大量的古典政治经济学著作，并开始用新的角度剖析市民社会。这一期间，马克思撰写了《1844年经济学哲学手稿》《神圣家族》《德意志意识形态》等一系列著作，通过撰写这些书，马克思开始真正用政治经济学的角度来解剖市民社会中存在的一系列问题，在这个过程中，也使政治经济学迎来了全新的革命。马克思深刻揭示了法与经济基础的辩证关系，这既是马克思法哲学区别于西方法哲学的主要特征，又是他对于西方乃至人类法哲学史的最主要贡献之一。

（一）异化劳动理论和市民社会本质的剖析

通过对政治经济学的学习，马克思发现，资产阶级经济学家们对资本、工资、地租等概念的理解过于浅薄，而且颠倒了它们之间的逻辑关系。在马克思看来，他们只从概念的表面意义和存在的形式出发，却没有对概念表现出来的事实加以论

证和解释，根本没有触及资本与劳动分离的根源。马克思认为，应当从劳动以及劳动的最高级作用者——劳动者出发，进一步理清私有制、劳动以及资本之间的根本关系。出于这一目的，马克思撰写了《1844年经济学哲学手稿》，对人的存在和本质发起了一次深入探索。

在《1844年经济学哲学手稿》中，马克思提出并详细阐明了一个重要的新概念——异化劳动，经由这个概念，马克思详细分析了社会经济关系对法的决定作用。马克思认为，在私有制条件下，异化劳动是私有财产的本质，是一种不可避免的社会现象，最终将导致人与人的异化。据此，马克思得出结论，资本主义之前的国家形式和法都是人的本质的变相表现，而此时国家和法律成了"同人民生活现实性的人间存在相对立的人民生活普遍性的上天"。马克思进一步分析了异化劳动同私有财产的关系，指出借助工人解放运动这种政治活动，可以达到消灭异化劳动的目的，进而可以达到消除私有财产的最终目的。值得一提的是，通过劳动异化的理论，作为社会主义理论基础的无产阶级专政思想已经在马克思心中产生了萌芽。

在《1844年经济学哲学手稿》这本著作中，马克思还研究了人的社会性本质问题，期间马克思完成了从私有财产异化到劳动异化，从私有财产的扬弃到人的自我异化的扬弃层面的升级。在对异化劳动理念有了更深一步的了解之后，马克思认为无产和有产的对立从某种程度上来说是劳动和资本的对立，因此要解决这种对立问题，则应该将劳动和资本的能动关系和内在的矛盾关系作为切入点。而想要消除其对立关系，实现人类真正的解放是必由之路，而共产主义就是马克思心中的那条路径。马克思认为，共产主义是超越私有财产的关键，也是对私有财产的积极扬弃，这种扬弃也是人的一种自我异化的扬弃，最终可以回归到人的本质问题。

在掌握了政治经济学的奥秘之后，马克思对法有了更深的理解。他认为，私有财产带来了人的现实表现，无论是宗教、家庭、国家、道德、科学、艺术，还是"法"，都是生产的表现方式，"并且受生产的普遍规律的支配"，这一表述将马克思此前"市民社会决定国家和法"的思想大大向前推进了一步。

不过，马克思还没能从否定之否定的思辨模式中解脱出来，因为此时马克思还没有将生产关系规律提炼出来，因而他对法的本质的描述还是以一种先验的、理性的、合理的、像赋予人的本质一样的方式，还没有明确揭示出法的阶级性和物质制约性。

(二) 马克思法哲学思想的深化

鲍威尔认为，一切人、包括犹太人，只有放弃宗教信仰才能获得政治上的解放，对于这种将世俗问题归结为神学问题的唯心主义思想，马克思从唯物主义的立场出发对其进行了深刻批判。马克思没有从犹太人的宗教里去寻找犹太人的秘密，而是到现实的犹太人中去寻找他们的宗教的秘密。他认为，只有消除犹太人的世俗桎梏，才能克服他们的宗教狭隘性。马克思在《论犹太人问题》中深刻论及了政治解放和人的解放，认为政治解放只是资产阶级的民主解放，虽然粉碎了加在市民社会头上的政治桎梏，但宗教和财产的不平等并不会随着政治解放的完成而消除。马克思进而指出，只有通过无产阶级的社会革命，才能消灭私有财产，进而消灭宗教本身，实现人类解放。通过对鲍威尔的批判，马克思不仅看到了历史唯物主义的应用图景，还从犹太人的本质中看到了资本的本质。

马克思的这一思想在他和恩格斯合著的《神圣家族》中得到了进一步的深化，他们用缜密的逻辑思维再次论证了"市民社会决定国家和法"的观点，并且对鲍威尔的错误思维进行了批判，认为政治经济学的一切论断都建立在私有制的基础之上。这本著作较之前的《黑格尔法哲学批判》更具有进步意义，因为他们在坚持了"市民社会决定国家和法"这一法哲学原则之外，还增加了新的东西，即"国家和法反过来也会作用于市民社会"。这一新发现，为马克思法哲学思想增加了能动的辩证法内容，得到了更深层次的优化和拓展。

在马克思的观念中，即便法与国家都是由市民社会决定的，但是前者并非只是消极被动的，它们具有能动性，能够通过自身的力量对资本主义的生产关系进行巩固和维护。在马克思眼中，国家与市民社会这两个概念的存在具有质的差别，存在方式也是不一样的，前者是政治形态，并且是有意识、有组织的，而后者是自然形态，是无意识、无组织的。这也导致了两者生活的本质形态的不同，国家趋于抽象的政治生活，市民社会趋向现实生活。

（三）以历史唯物主义为基础的法哲学思想体系的最终形成

在完成了对费尔巴哈唯物主义以及黑格尔唯心主义辩证法的合理批判、吸收以及改造之后，马克思又撰写了《德意志意识形态》一书。他在书中通过对市民社会的进一步剖析和分解研究之后，提出并论证了"生产力决定'交往形式'（生产关系）、'市民社会'（经济基础）决定上层建筑"的基本原理，并在此基础上第一次系统阐述了完全颠覆早期思想家的法哲学思想，并初步构建了一个比较完整的独特的法哲学理论体系。这标志着马克思的唯物主义法哲学思想体系的最终形成。《德意志意识形态》是马克思唯物主义法哲学理论体系转向成熟的转折点，主要体现在他开辟性地抛出了"生产关系"的概念。不仅如此，马克思还首次提出"生产力决定交往形式"和"市民社会决定上层建筑"等历史性论断，将生产力和生产关系的发展和变化与社会历史发展的规律结合起来，具有创造性意义。此外，在《德意志意识形态》中，马克思还通过历史唯物主义原理系统阐述了他的法哲学观。

第一，马克思认为法的产生、发展以及变化都源于生产力和生产关系之间的矛盾。马克思在《德意志意识形态》中，不止一次阐述过法的基础，即生产方式、交往形式或市民社会。在马克思看来所有形而上的东西，其中包括观念、思想、意识等，都必须要建立在现实的依据上，否则将会成为无源之水、无本之木。马克思认为，法律产生的物质基础是现实的物质生活条件，即人们的相互制约的生产方式和交往形式。物质生活即生产方式和交往形式是第一性的、基础的东西，国家和法律是第二性的；前者属市民社会，后者是上层建筑，前者决定后者。

第二，马克思认为生产方式和生产关系的发展是决定法的最终力量，决定国家和法的内容和形式。从唯物主义的角度出发，社会中的法也是根据社会中的经济、政治等状况随之产生的，法的发展规律对社会中生产力的发展规律表现出极大的伴随性，即法的产生和消亡都与社会生产力中的内容和状态息息相关。在确立了历史唯物主义的前提下，唯心主义作为与之相悖的哲学观则更加受到了马克思的批判，因此施蒂纳的"头脑挤出法律"以及霍布斯的"权力决定法"等唯心主义法律观都被马克思给予了无情的否定。国家与法的现实基础是客观的，即"相互制约的'生产方式'和'交往形式'"，这二者的关系不以人的意志为转移。这些内容也完全来源于客观现实，它们对国家以及法在某种程度上具有不二的决定作用，甚至是创造国家政权和法权关系的力量。马克思曾在批判私人财产决定论和市民社会的自私功利性时表示，法律作为一种公共意志，也是国家精神与国家意志的体现，既然国家和法由生产力决定，那么决定国家与法的生产力与生产关系亦是决定法的根本存在。

《德意志意识形态》是马克思唯物主义法哲学走向成熟的标志，在这部手稿中，马克思第一次把社会的基本矛盾归之于生产力与"交往形式"（即生产关系）之间的矛盾，并且由此出发，揭示法和法律的产生、发展和消亡的规律性，认为不仅法和法律的产生必须依赖社会经济关系、阶级关系的实际运动，而且法律的消亡也同样必须以生产力的巨大发展为前提。其中马克思对社会中的基本矛盾以及基本关系都给予了阐释和说明："社会阶级的产生源于社会经济的不均衡发展甚至是畸形发展"。法作为社会阶级意志的共同体现，要想法在社会中表现出积极的反作用则需要对经济的发展进行改善，而又由于决定经济发展的是生产力，因此，实现政治解放和人类解放的前提是解放决定经济发展的生产力，这就是马克思法哲学思想中的唯物主义部分。在此基础上，马克思对法的本质和特征、法的继承性等一系列法哲学重大问题，做出了科学的探讨。《德意志意识形态》表明马克思真正抛弃了费尔巴哈的人本主义方法，形成了唯物主义法学观，从此马克思法哲学体系得以形成。

第三章 马克思早期法哲学思想的
理论考察

　　马克思法哲学是批判的哲学，他在扬弃了康德哲学、黑格尔哲学的基础上，提出了法决定于社会物质基础，彻底改变了以往法哲学家对法的本质的唯心主义解释，深刻解释了法与经济基础和社会交往的辩证关系，并纠正了市民社会与法之间的现实关系，形成了对现代法权的批判性理解。从这个意义上说，马克思法哲学的产生是西方法哲学史上的一场真正的革命。

　　马克思法哲学思想并非一蹴而就，而是在不同时期，对不同哲学家的理论进行批判后形成的产物，呈现曲线发展的状态。因此，本章不欲从法的本体论、价值论、方法论等角度总结马克思早期法哲学的主要内容，而是从人本主义思想带来的法哲学革命、早期理性法思想中的二元论结构重建、对现实的人的自由追求三个维度，线性地考察马克思早期法哲学思想的理论内核。

一、马克思的人本主义思想与法哲学革命

　　西方哲学家弗罗姆在《马克思关于人的概念》一书中提

出，马克思哲学的本质为人本主义。在弗罗姆看来，马克思哲学"来源于西方人本主义的哲学传统，这个传统自斯宾诺莎开始，通过18世纪法国和德国的启蒙运动哲学家，一直延续到歌德和黑格尔，这个传统的本质就是对人的关怀，对人的潜在才能得到实现的关怀"。

在西方思想发展史中，人本思想源远流长。对人的认识与探索，一直是古希腊哲学的重要内容，从普罗泰戈拉到苏格拉底，他们提出了诸如"人是万物的尺度""反思你自己"的喟叹，再到柏拉图提出"理想国"的构想，这些主张人性的朴素人本思想撑起了古希腊思想的天空，是人类思想的重大突破。但由于社会生产力的限制，他们难以更进一步思考人与社会的关系。但随着希腊的衰亡，西方哲学思想一度万马齐喑。尤其是在中世纪时期，宗教神学一度统治了哲学，彰显人性的人本思想受到严重压制。一直到文艺复兴时期，人们重新把目光聚焦到人身上，资产阶级人本主义观点得到彰显，一大批西方思想家们越来越重视人的自由、平等，并从科学的角度提出了大量观点。人本主义被注入了新的时代内涵，使其富有实际价值和时代意义，而不再简单停留在思想的层面。这些思想家们关于人本主义的表述不可避免地存在着或多或少的历史局限性，但他们的主张也反映了时代发展的需要，为马克思人本主义思想的形成和完善提供了理论参考。

（一）马克思法哲学思想演进中的人本主义思想

马克思法哲学中充满了浓厚的人本主义气息，正是因为受到了古希腊朴素人本主义思想和文艺复兴、启蒙运动对人的价值进一步彰显的影响，从某种程度上说，这是马克思法哲学的起点，也是终点。从马克思法哲学的内在逻辑来看，马克思的人本主义思想不仅吸收了西方人本主义传统的精粹，而且汇聚了资本主义发展带来的新变化，成为他法哲学思想中的重要组成部分。

第一，人本主义思想是一条贯穿马克思法哲学思想的主线。

关于马克思法哲学中的人本主义思想，有人认为这无须多言，马克思主义本身就是以人为本主义，也有少数人否认马克思主义中的人本主义思想，认为这无非是资产阶级人性论的另一种表述。这两种观点中，前者狭隘而且粗浅地理解了马克思的人本主义思想，而后者更是直接表达了对马克思人本主义思想的漠视。

那么，如何看待马克思法哲学中的人本主义思想呢？笔者认为，马克思法哲学中的人本主义思想既区别于西方传统的人本主义思想，又与资产阶级的人性论和人本主义有着根本区别。这里的"人本主义思想"，是指马克思在追寻"法的本质"过程中所体现出的对人的生存状态的关怀的态度。马克思始终把人的价值放在第一位，这种态度从马克思法哲学思想的逻辑进程上看，它是一条始终贯穿马克思法哲学思想演进进程的主线，也是马克思人本主义思想的最大贡献。

众所周知，青年马克思新理性法学观中的人本思想非常浓厚，由于受到启蒙思想家的影响，马克思很快接受了康德的理想主义法学观，再加上黑格尔的理性国家观的影响，他在《莱茵报》工作的前期经常提出一些带有二元论的观点，比如"法律是事物的法的本质的普遍和真正表达""事物的法的本质不该去迁就法律，恰恰相反，法律倒应该适应事物的法的本质"，等等。在这些观点上，既可以看到康德理想主义的影子，又能看到黑格尔"法是自由意志的定在"观点的影响。可以说，在这个阶段，马克思因受到孟德斯鸠等启蒙思想家的影响，对自然法的观点十分认同。

第二，马克思经历了从关注法的自由本质到关注人的现实生存的转变。

随着对康德哲学和黑格尔唯心主义的批判，特别是由于现实社会对马克思内心准则的冲击，马克思对自然法观点的看法发生了重大变化。在向唯物主义法哲学的过渡的过程中，马克思更加关注物质生活对法的影响，并提出了"经济基础决定上层建筑"的著名论断。

尽管如此，马克思并没有放弃对人的关怀。在批判霍布斯的观点时，马克思认为旧唯物主义过分关注抽象的人，"感性失去了它的鲜明的色彩而变成了几何学家的抽象的感性，唯物主义变得敌视人了"。在批判费尔巴哈的观点时，马克思认为费尔巴哈停留在抽象的人上，而没有看到真实存在的、活动的，又不断改造世界的实践的人。那些观点足以表明，马克思人本主义思想中的人，不是抽象空洞的、离群索居又固定不变的人。他所抛弃的是对人的本质的抽象定义，而把目光聚焦于现实中的人。在马克思看来，人是一切社会关系的总和，这也是人的现实本质。尽管本质不等于价值，但马克思想要做的就是挖掘现实社会中的人的价值，并以这种价值为标尺衡量社会制度，从而提出如何摆脱这一束缚，更好地实现和发展人的价值。

甚至可以说，马克思的人本主义思想在他完成向历史唯物主义法哲学的转变后更为明显。和旧的人本观不同的是，马克思没有以抽象的人为立论的前提，而是认为人是一切社会关系的总和，并从人的角度理解社会实践和物质生产活动，因而马克思的人本观建立在历史唯物主义的基础之上。马克思认为人的实践活动是人和世界存在的根本方式，由此出发，马克思不仅完成了向唯物主义哲学的根本性转向，与此同时也使他的人本主义思想具备了唯物主义的根基。从此，在马克思法哲学的世界里，他提出了包括人的异化、劳动价值、人类解放等在内的一整套关于人的科学理论体系，不仅高度彰显了人的价值，而且提出要"实现人的自由全面发展"这一社会形态发展的最高价值目标。

在观察社会的过程中，马克思采取了一种独特的方法，即以现实中的人为基础，从现实的前提出发思考和观察一切问题。这表明，在法哲学向唯物主义转向的道路上，马克思的人本主义思想在不断进步。他以"现实的人"为逻辑起点，站在"实践活动"的高度，不断探索实现人的真正自由的哲学路径。

第三，马克思把法哲学落脚到寻找人类现实的解放上。

追溯马克思的人本主义思想，我们可以看到，马克思从来没有停止过对人的自由和解放的追求，可以说这是马克思法哲学革命的出发点，也是最终的落脚点。马克思没有将这种追求置于虚幻的理想之上，正如马克思所说的，他以"从事实际活动的人"为哲学出发点，以"实现人类的幸福和我们自身的完善"为价值取向，进而提出"保证一切社会成员有富足的和一天比一天充裕的物质生活"这样一个社会发展的根本目标。在他的思维链条中，社会中的人是一切的基础和关节。只有从这个角度出发，才能真正理解马克思法哲学中的人本主义思想。

马克思同时提出了他的人权思想，他认为，资产阶级所宣扬的人权，虽然戴着"普世价值"和"超阶级性"的面具，但本质上仍然是为了维护资产阶级的利益。在批判资产阶级人权观的同时，马克思认为人权不是与生俱来的，而是在历史的演进过程中产生的，权利的实现永远要受到社会经济发展及其政治文化的制约。因而，人权既是历史的、又是现实的。在这种结构中，人是国家的基础和主体，国家应当为人的自由理性服务。

我们也可以说，只有从人的现实利益角度出发，我们才能真正地体悟马克思的人本主义思想和人文精神。随着马克思科学社会主义学说的提出和完善，马克思的人本主义思想也有所变化和发展，"人本"始终是他的理论价值取向。马克思从现实出发，把人作为社会发展的根本推动力量，在此基础上致力于无产阶级的解放。这也是马克思人本主义思想的根本推动力量。可以说，人本主义历史唯物主义的人本观，这一思想不是从"人是目的"这种抽象的定义中衍生出来的，而是通过对旧唯物主义和政治经济学的批判，在创立唯物史观的过程中创造出来的。因此，马克思的人本主义思想是他法哲学革命中的重要力量，也是重要的价值标准。

（二）马克思法哲学对旧人本主义思想的进一步超越

在研究马克思法哲学思想时，费尔巴哈是一个绕不开的话题。人本主义是费尔巴哈哲学的主要内容，从某种程度上说，费尔巴哈哲学就等同于人本主义哲学。和黑格尔不同的是，费尔巴哈坚持唯物主义的立场，将"人"这一概念从宗教神学中脱离出来，并赋予了新的哲学意义，从而打破了黑格尔思辨哲学一统天下的局面，使得唯物主义登上历史舞台。这无疑是费尔巴哈对整个哲学界做出的重大理论贡献。但费尔巴哈的人本主义中某些思想存在着不合理的因素，其出发点是脱离社会、缺乏现实性的抽象的人，因而在历史观上偏离了唯物主义的方向。马克思就这些问题，在《关于费尔巴哈的提纲》中对费尔巴哈的人本主义思想进行了批判与超越。

在《关于费尔巴哈的提纲》中，马克思认为，虽然"人"是费尔巴哈重点关注的对象，但他关注的人，是脱离社会关系的抽象客体，并没有看到实践活动对人的决定性作用。正是因为费尔巴哈忽略了"感性活动"，把脱离社会关系的抽象的人作为逻辑起点，没有认识到人的实践性和社会性，因而也无法从社会实践活动中认识人的本质，因此在社会历史领域不可避免地滑向了唯心主义。正因如此，费尔巴哈站在了虚无的基础上，也就不能达到对人本质的全面认识。马克思在指出费尔巴哈人本主义思想唯心主义方面的不足的同时，主张"人的本质并不是单个人所固有的抽象物。在其现实性上，它是一切社会关系的总和"，认为社会性才是人的真正本质。

马克思在批判费尔巴哈人本主义人与社会关系的同时，也对其进行了超越，赋予实践以本体论的含义，从而将费尔巴哈历史观的问题真正引入唯物主义的轨道，创立了历史唯物主义，这也是马克思写《关于费尔巴哈的提纲》的目的之一。在马克思看来，由于社会实践的影响，每个人有着不同的意志和情感，因此应当在社会关系和社会背景中观察分析人的本质。另外，由于人是一种社会关系中的主体，又是另一种社会关系中的客体，要想实现对人的本质的全面认识，不能局限于一种社会关系之中，而应当置于多种社会关系的总和之中。同时，人的社会关系并不稳定，也非一成不变，处于时刻变化发展的动态运动之中，因此应当从辩证的角度看到人的本质，看到其变化发展的一面。马克思认为哲学家们只是在解释世界，而问题在于改造世界。马克思主张在实践中证明理论的真理性，并进而认识世界、改造世界，使人们对历史观有新的正确的认识。

总而言之，费尔巴哈人本主义把人作为哲学的核心范畴，摆脱了唯心主义思辨哲学的影响，将哲学引向了"人"的大门，对马克思历史唯物主义法哲学思想的形成提供了重要的思想来源。但费尔巴哈认为自然性才是人的本质属性，并没有结合社会实践和社会关系去认识人和世界，最终又导致费尔巴哈没有走进历史唯物主义的大门。

与此相对，马克思在批判与继承费尔巴哈人本主义思想的同时，基于现实的历史考察，提出从实践的角度出发认识人和世界，进而提出"社会存在决定社会意识"这一历史唯物主义的基本观点，最终使人本主义真正走上了唯物主义道路。

（三）马克思沿着人本主义发展路径带来的法哲学质变

在认识人的本质的道路上，马克思的人本主义思想是在继承和批判的过程中一路向前发展的。离开《莱茵报》之前，马克思深受黑格尔客观唯心主义的影响，认为法是客观理性的体现。可以看出，此时马克思虽然接受了黑格尔的大部分思想，但并没有接受黑格尔的"绝对精神"体系。而在《德法年鉴》工作期间，马克思开始试图摆脱黑格尔哲学的影响，提出"人是人的最高本质"，在这一观点上已经能看到费尔巴哈人本主义思想的身影。在《1844年经济学哲学手稿》中，马克思虽然辩证地接受了费尔巴哈的"类""类本质"等概念，但并不同意费尔巴哈对人的抽象的认识，而是把"人"放在生产过程中去思考，对私有财产进行了进一步的剖析，提出了劳动异化理论。为了与旧哲学进行"彻底的清算"，马克思撰写了《关于费尔巴哈的提纲》，在该书中马克思主张"人是一切社会关系的总和"，在这一点上超越了过去旧唯物主义和黑格尔对人的一切解释。在《德意志意识形态》中，马克思彻底抛弃了费尔巴哈的人本主义方法，并对鲍威尔和施蒂纳的错误思想进行了批判，从而在认识人的观点上形成了历史唯物主义方法体系。

通过研究马克思人本主义思想的演变过程我们可以清晰地看到，马克思一直深化着对人的本质的认识，而正是在这条路径上，马克思也在更新着对法的本质的认识，并不断深化其法学思想。从一开始认为"法是自由理性的体现"，到"法同样受生产规律的制约"，再到最后的"法决定于生产关系"，之所以有这样一系列的演进过程，是因为马克思站在唯物主义人本观的高度看到了法的实践属性和社会特质。

应当看到，马克思不仅是一名唯物主义者，更是一名民主革命者，他对法的认识和批判，源于他所处的社会条件和社会关系。工业革命以来，生产力的飞速发展并没有给社会底层的人民群众带来福祉，反而让人陷入了异化的循环之中。带着对底层民众的关怀，马克思不断深化对国家和国家制度的认识，提出"劳动异化"和"人的异化"等理论观点，其初衷就是为了守卫人民的利益和人的主体性。正因如此，马克思认为，"工业的历史和工业的已经产生的对象性的存在，是一部已经打开了的关于人的本质的书"。在马克思看来，人民的主体力量，才是推动社会和法向前发展的根本力量。尽管马克思不再纠结于法的"应然性"，而是更加关注其"实然性"，但马克思对"实然"的巨大关注，其目的不是证明现存资产阶级国家制度和法的合理性。马克思看到了应然和实然之间的对立，并寄希望于无产阶级的革命来打破这两者的对立，完成人性向本质的复归。从这个意义上看，马克思始终不变的是对人的生存状态的关注，以此为初衷，马克思法哲学走上了一条从应然到实然，最后再回到应然的道路。

对法的本质的关注和研究，历来是法学家的重要课题，但由于立场和角度的不同，他们得出的结论也各不相同。与那些对法律的单向理解的观点不同，马克思以"从事实际活动的人"为哲学出发点来探讨和研究法的本质，从人的个体性和社会性的统一入手，否定了以往法学家对法的本质——或抽象空洞的，或世俗功利的——的解释，从而为我们研究和解读法律提供了最合理的范本。另外，马克思在研究人的本质时，一直没有偏离家庭伦理、政治制度、社会生产等各种社会关系，以及这些社会关系和人的本质之间的联系，当马克思进而弄清楚经济基础决定上层建筑，法决定于经济基础时，马克思的历史唯物主义法哲学思想也就真正走向了成熟。

总而言之，马克思的人本主义思想为其构建历史唯物主义法哲学体系提供了重要力量，在阐明人的本质的同时，终结了西方关于人的形而上学。

二、马克思早期理性法思想中的二元论结构重建

二元论法思想是西方法学的重要思想传统，主要体现在对"法"和"法律"的解读上，前者指的是客观法，后者指实在法。这一二元对立源于自然法思想，在自然和人为的图景中，带有应然意味的自然法和现实人为的人定法被区分开来，

并成为人们思考政治、国家与法律的重要逻辑起点。马克思在青年时期，一方面受到西方哲学二元图景预设的影响，在认识客观法和实在法之间形成了明显的二元性特征；另一方面，深受启蒙思想影响的马克思，为康德、费希特的那种"应有"与"现有"的矛盾所吸引，在对法哲学、国家与法的深刻思索中无不体现出二元性法哲学观。在马克思早期法哲学的演变过程中，这种二元法哲学观成为一条贯穿马克思研究法与法律问题的基本线索。

而后期随着马克思向唯物主义法哲学观转变，马克思从实践的角度深入思考法的客观本性，逐渐摒弃了这种二元论的法哲学观，并以此为接口完成了对法的二元论结构的重建。

（一）西方法哲学的二元性预设

从"逻各斯"到柏拉图哲学中的"理念"，再到笛卡儿提出著名的实体二元论，在西方哲学史上，本质世界与现象世界相互对立的二元图景一直存在。近代以来，康德对应然与实然的划分、黑格尔的自我意识与自由，更是把二元论发挥到极致，将形而上学推向了最高点。

"发现自然乃是哲学的工作。"哲学上的二元性带来了法学上的二元性。纵观西方法哲学史，古希腊哲学是西方哲学的源头，希腊哲学的自然观自然而然将人们引向了自然与人为的对立，这一朴素的自然观不仅为法哲学赋予了明显的二元性特征，更为其提供了二元性基本范式，即用先天的自然法为人为法确定尺度。这种二元性突出地表现在"客观法与主观法、自然法与制定法、应然法与实然（在）法、国家法与民间法、公法与私法等方面"。

二元哲学的长期存在，不仅影响着法哲学思想，也深深地影响着西方众多法学家。由于马克思主义哲学是在西方哲学传统上萌芽的，因此马克思的法哲学观也必然受西方哲学的本质特征——尤其是二元图景的影响。恩格斯认为，"18世纪并没有克服那种自古以来就有并和历史一同发展的巨大对立，即实体和主体、自然和精神、必然性和自由的对立；而是使这两个对立面发展到顶点并达到十分尖锐的程度，以致消灭这种对立成为必不可免的事"。因此，在马克思生活的19世纪尤其是上半叶，主体与客体、应然与必然、主观与客观呈现着明显的对立，马克思在探索法的道路上需要不断批判前人的哲学思想和法学观，因而也就不可避免地受到这种预设的影响。

我们看到，马克思的法哲学思想是在西方哲学的大背景下，通过对以往法哲学观点的批判和扬弃逐渐形成的，而这种批判和扬弃往往都是在二元前提性预设下进行的，因而马克思青年时期的法哲学观自然也就呈现二元特征。

（二）青年马克思理性主义法哲学的二元化特征

马克思出生在一个律师家庭，在弥漫着自由主义的普鲁士大环境下，马克思在少年时期就培养出了自由主义和理想主义气质。在他中学毕业时的德语作文《青年在选择职业时的考虑》中还可以看到，马克思对探索生命的本质意义有巨大兴趣。他在该文中憧憬着未来的职业："可以选择一种能使我们最有尊严的职业……这篇作文反映出他对未来从事什么职业的思考，父亲希望马克思走上法律职业道路，马克思却对研究抽象真理有着浓厚的兴趣。

转入柏林大学之后，马克思一头扎进了对罗马法的研究之中，几乎"不加任何批判"地阅读了海奈克齐乌斯和蒂博的著作。在研究罗马法的基础上，马克思企图建立一个贯穿整个法的领域的法哲学体系，在这个体系里"形式法"与"实体法"有着明显的二元划分。马克思的初衷是"提出一个人人都重视的、准确的、不依赖于具体经验的（先验论的）法学概念，然后在实际的法中（无论以前的还是现在的）研究它的发展。"

可以看出，在企图构建这个体系的过程中，马克思深受康德、费希特哲学的影响。在康德的哲学里，由于"应有"和"现有"的二元对立，康德自然视自然法为理性基础上的"绝对规范"，存在于应然的本体世界中，为马克思法哲学世界观的最初构建提供了理论渊源。但很快，马克思就发现，从康德和费希特先验论出发，"也就是脱离了任何实际的法和法的任何实际形式的原则、思维、定义"，在面对现实权威时显得"束手无策"，最终只能通往唯心主义的死胡同。

在给他的父亲的信中，马克思坦白了自己失败的原因，即"认为实体和形式可以而且应当各不相干地发展"。显然，马克思在碰触到实际的法时，就看到了"全部体系的虚假"，但现实的东西和应有的东西之间的对立是马克思探索法哲学时的最初原则信条。

在后来的理论研究中，借助黑格尔哲学的帮助，马克思逐渐认识到康德理想主义法学观的缺陷。黑格尔将法作为自由的定在，他认为"任何定在，只要是自由的定在，就叫作法。所以一般说来，法就是作为理念的自由。"由此出发，黑格尔将法区分为实在法和自然法。虽然黑格尔力图解决客体与主体、实然与应然之间的二元对立，但黑格尔本质上仍然是一个二元论者，只是他将人和外部世界都绝对地精神化了。受黑格尔哲学的启发，马克思将法律二分为"真正的法律"与"形式的法律"，但后者不能与前者对立地存在，而是应该符合前者，因为"法"作为普遍的终极法则，是法律的效力基础和应然状态。在马克思那里，法律是"自由的肯定存在"，评判法律的唯一标准在于是否代表了自由。"法律不是压制自由的手段，正如重力定律不是阻止运动的手段一样……法律是肯定的、明确的、普遍的规范，在这些规范中自由的存在具有普遍的、理论的、不取决于个别人的任性的性质。"这体现了此时的马克思习惯于用二元化的方式看待法与法律。

在《博士论文》中，马克思再一次运用二元思维将意志与现象世界作为两大方面进行区别对待，"当哲学作为意志反对现象世界的时候，体系便被降低为一个抽象的整体，这就是说，它成为世界的一个方面，于是世界的另一个方面就与它相对立"。以此为推理的出发点，历史进程是哲学意识同经验世界相互作用的结果，这也体现了哲学意识与经验世界的二元对立。此外，这一阶段马克思在论述哲学与现实、思维与存在、自我与外在以及自由问题时，都有二元性特征的明显体现。

（三）马克思自然法和实在法思想之间的二元对立

这一时期，马克思理性主义法哲学的二元化特征，还突出地表现在马克思对自然法与实在法的区分上。在法律的诸多维度之中，自然法作为法律的尺度和标准，构成了法律的价值维度；而实在法则为法律提供了具体规范和生活来源，构成了法律的现实维度。只有通过这二者相互对应，实际的法律才得以产生。因而可以说，法律是应然和实然的对应（尽管这种对应是二元对立的）。

西方二元法学观既来源于西方传统哲学的二元预设，又来源于本质主义方法论——透过现象揭示事物的本质，追求外在事物背后的终极存在。就法哲学来说，则是找出那个藏在实在法背后的自然法，并将其作为评判实在法是否良善、是否代表正义的标准。

我们看到，在《关于林木盗窃法的辩论》中，马克思就已认识到理性法与现实之间存在的巨大对立，并希望通过理性法即自然法抨击普鲁士当局，借此维护底层人民的利益。

按照理性法哲学的观点，法律的合法性源于对理性和普遍自由的肯定。但马克思看到，法律本应是普遍理性的化身，议会本应当保护林木所有者的个人利益，但在权力面前成了私人利益的附庸。这样一来，不仅法律偏离了客观理性的标准，甚至连国家公器也为私有利益服务，对此，马克思痛彻心扉，"盗窃林木者偷了林木所有者的林木，而林木所有者却利用盗窃林木者来盗窃国家本身"。

很明显，马克思在这里从自然法的角度来进行论证，把理性视为法律的本质，而把法律视为"事物的法的本质的普遍和真正的表达者"。对于这两者的关系，马克思认为，"事物的法的本质不应该去迁就法律，恰恰相反，法律倒应该去适应事物的法的本质"。在这里，我们还看到了孟德斯鸠"法是源于事物本性的必然关系"的影子。由于马克思此时的法哲学观是建立在唯心主义基础之上的，因而还无法从市民社会和社会生产的角度真正解析"事物的法的本质"。但同这一时期的自然法哲学思想家一样，马克思将自由、理性等启蒙思想的基本原则作为法的本体基础，因此不可避免地体现出了二元化特征，这也是理性主义法哲学天生就有的特性。

不仅如此，马克思还主张以法的本质来判断现实法律，认为自然法是实在法的本质，而实在法是对自然法的本质的实现。在谈到习惯法时，马克思认为虽然贫民的习惯法在形式上同实在法相抵触，而贵族的习惯法在形式上符合实在法，但实际上与自然法相违背的是贵族而不是贫民的习惯法，因为合理的法的概念是站在贫民这一边的。从这也可以看出，马克思肯定自然法高于实在法的地位，因为实在法要通过体现一般理性的自然法来衡量。

在马克思这里，自然法与实在法的对立主要归结于马克思对法与法律的二元区分。在马克思的早期著作里，出于对理性法的遵循，马克思把自由、正义和理性等作为法的本质和评价现实法律的价值尺度，这表明马克思这一阶段的法哲学观是建立在自然法与实在法二元对立基础之上的。这一时期，马克思把自由的实现作为评判法律的重要标准，"哪里的法律成为真正的法律，即实现了自由，哪里的法律就真正地实现了人的自由"。但面对现实社会的无力感极大地刺痛了马克思，并促使他从实践的角度进一步探索法的本质。

（四）马克思对二元法哲学结构的整合

在《莱茵报》工作的后期，马克思很少提及理性，不再将体现自由本质的应然法作为评判法律的标准，而是更多地从市民社会和社会经济发展这一角度出发观察和研究法律。这主要是因为随着向唯物主义法哲学观转变，马克思对法的本质有了更深入的思考。

在和近代哲学二元倾向做斗争的过程中，黑格尔试图解决人与自然、思维与存在的二元分裂，他希望通过"自由意志"在历史的发展环节，克服现象世界和本体世界相分裂的二元问题，确立法在本体论上的意义，进而消解自然法观念主导上的二元论法律观。在黑格尔的辩证法的基础上，马克思发展了历史唯物主义辩证法，把历史而不是自然作为人类一切问题的核心领域，用历史本体论取代了自然本体论，从而动摇了自然法哲学二元结构的根基。

第一，马克思用历史法则取代自然秩序。在传统的自然法思想的语境中，自然法则具有永恒的客观性、普遍性，是人类社会必须遵循和服从的依据、标准。自然界仅仅是一个无自我意识的对象世界，不能成为物质世界的终极价值标准。相反，基于历史本体论，人类认识自然世界的目的在于改造自然世界，人类历史是自由意志和历史发展的产物，所遵循的应当是历史发展规律。

第二，马克思把法律的基础和效力根源从自然法转移到市民社会和生产关系中。马克思不仅把市民社会理解为历史发展的基础，而且对法的本质进行了新的判别。

第三，马克思从另一个角度重新确认了法的应然状态。由于马克思对历史法则的清醒认识，法律处于历史过程中的"被表达者"的地位，法律的应然状态不再统摄于自然法的抽象概念之下。因而法律随着生产方式的变化而变化，使得自然法的应然状态过渡到社会生产方式之上，以生产关系为法律之"法"。

在马克思历史唯物主义法哲学框架下，法和法律这两个相互区分的概念，都统一在了生产关系之下，这是马克思历史唯物主义法哲学对传统二元论法哲学的最大革新。

应当指出的是，马克思虽然从社会实践的基础上重新区分了法与法律，使得以自然法为统摄的二元法哲学结构转化为物质生产基础上的二元法哲学观，但马克思并没有完全否定自然法作为"更高的法"的价值意义。马克思的初衷仍然是把法哲学的主题回归到现实社会中的人身上，回到对人与社会的现实要求上。在这一过程中，马克思不仅追求人类的永恒道德要求，而且提出了"无产者的真正解放""自由人的联合"这些崇高追求。因此，彻底打破自然法的二元论并非马克思的完整本意。在今天的法律实践中，我们仍然应当把自由、平等等自然法概念作为法律实践中的内生动力，把实在法视为呼应社会发展进步的结果，使法律既符合道德评判，又符合社会价值。

三、国家和法存在的根本目的：人的真正的自由

人类自由的实现是马克思法哲学思想的主旨，在马克思的法哲学世界里，自由问题不仅是这座大厦的根基，而且是支撑其不断发展的理论源泉。我们甚至可以说，自由问题是马克思早期法哲学思想的核心主题，马克思构建法哲学思想的初衷是为了实现人类的普遍自由。马克思在著作中大量述及自由，不仅深入研究自由的本质，而且从现实中的人出发，思考自由与法律的关系。

（一）马克思在人类自由理念基础上建构法哲学大厦

"自由问题历来是哲学研究的最高问题。"就法律与自由的关系而言，自由是作为一个基础性的地位存在的，"整个法律和正义的哲学就是以自由观念为核心而建构起来的"。

在马克思早期法哲学思想中，自由问题有着更为重要的地位。他主张自由是人所固有的东西，认为自由向来就是存在

的，他将是否反映自由的肯定存在作为评判"真正的法律"和"形式的法律"之间的标准。

在撰写《博士论文》时期，马克思在人的自我意识基础上建立自己的自由观。在本书中，我们可以看到，马克思虽然认同伊壁鸠鲁提出的自我意识，而且充分肯定伊壁鸠鲁提出的"原子的脱离直线的偏斜运动"对人的自由的哲学贡献，但对于其中的消极的、偶然的成分，马克思并不认同。他认为这种自由观除了陷入以综合功能自我孤立的状态以外，并不能对外界发生积极作用，"不是在定在中的自由。它不能在定在之光中发亮"。相反，出于对人的现实自由的关注，马克思认为不能抽象地理解自由，只有与现实相联系的自由才是积极的自由，"使人和环境分离开来，虽然可以达到绝对的理论的自由，但使人丧失了通过改变周围环境来实现自由的可能性，因此也就不可能获得真正的自由"。马克思认为，不能企图通过离开现实环境实现个人的自由，而是借助自身的力量努力实现现实中的自由。此时，马克思的自由观没有完全摆脱黑格尔思辨理性哲学的影响，但他对现实自由的关注又与青年黑格尔派的自由观划出了一道界限。我们也可以认为，马克思对自由的关注从来不是脱离现实世界的，这种带有唯物主义色彩的自由观，不仅为马克思廓清了本体论范式下的自由本体，而且为马克思建立历史唯物主义的法哲学体系提供了重要的思想基础。

在完成了《博士论文》的撰写后，马克思进入了现实生活。在《莱茵报》工作期间，他从理性自由观念出发，以自由为思想武器，对德国现实社会尤其是法律制度展开了激烈批判。在法与自由的关系这个法哲学重要论题上，马克思主张法律应当成为自由的存在形式，而不能成为压制自由的手段，作为人民自由的圣经，"法律是肯定的、明确的、普遍的规范，而在这些规范中自由的存在具有普遍的、理论的，而且不取决于个别人的任性的性质"。

1842 年，马克思先后发表了《评普鲁士最近的书报检查令》和《关于出版自由和公布等级会议记录的辩论》两篇论文。通过对这两篇论文进行分析可以发现，马克思对法律的批判，是采取本体论范式下的二元法论进行的，他把自由作为法律的生命和内核，认为只有对普遍自由的肯定才是真正的法律。由此出发，马克思认为书报检查令和议会对于出版的规定，限制了人们的言论自由，而否定自由的法律尽管具备了法律的外在形式，但无论如何都不能成为真正的法律，这种对自由进行限制、侵犯和剥夺的法律应该予以废除。马克思从自由观念出发进一步指出，法律不能禁止自由地探讨真理，更不能惩罚人的思想，因为"那种惩罚人的思想的法不是法律，而是特权"。但应当指出的是，马克思对德国法律制度的批判，是运用二元法论的抽象范式对法律条文进行具体分析展开的，其逻辑分析更多地还停留在法律规定和抽象思辨的层面。

在《莱茵报》工作期间，马克思从理性自由观出发，撰写了大量呼唤自由、抵制专制的论文。但随着现实工作的深入，马克思越来越深切地感受到，对自由和法的理解绕不开"物质利益"这个他此前几乎未曾碰触的领域。在《摩塞尔记者的辩护》中，马克思对理性自由法哲学思想产生了怀疑，并明确了新的研究方向——不再以理性自由法为上帝，而是从现实关系出发理解理性自由法，并作为评判法律优劣的尺度。

在《摩塞尔记者的辩护》一文中，马克思开始认识到客观环境的重要性，"在研究国家生活时，很容易走入歧途，而忽视各种关系的客观本性，而用当事人的意志来解释一切。但是存在着这样一些关系，这些关系决定私人和个别政权代表者的行动，而且就像呼吸一样不以他们为转移"。这段论述表明，马克思十分渴望从现实中寻找自由的哲学根基，这也为马克思法哲学思想的发展指明了方向。

总而言之，在《莱茵报》工作时期，马克思用理性自由的尺度对现实的法律和国家制度进行评判，但是在与现实的物质利益不断交锋中，马克思不断感到思辨的理性自由观在解决物质利益冲突时苍白无力。在现实的刺激下，马克思不仅开始反思原来的理性自由法思想，对黑格尔法哲学也进行了认真的反思。1843 年，当马克思离开《莱茵报》时，理性思辨的自由对马克思已经没有那么强的吸引力了，"自由主义肩上的华丽斗篷掉下来了，极其可恶的专制制度已赤裸裸地呈现在全世界的面前"。失去了"华丽的斗篷"的庇护，马克思开始热切而坚定地去尘世中寻找法律的现实根基。

（二）马克思对尘世自由的寻求

在《莱茵报》工作期间，马克思全面运用自由观念对德国法律制度进行了深刻批判，但遇到一系列思辨理性自由观无法应对的现实问题之后，马克思开始意识到过去一直信奉的理性自由在面对地产法的讨论等现实问题时，显得十分空洞无力。于是，马克思放弃了黑格尔的唯心主义法哲学观，不再从抽象的思辨理性出发去思考自由和法的本质，转而开始在尘世中寻找自由的真谛。

正是在这种背景下，马克思暂时离开了社会舞台，开始撰写《黑格尔法哲学批判》，对曾经的偶像黑格尔展开了一场大批判。马克思认为黑格尔的思辨方式和自由思想是一种"逻辑的、泛神论的神秘主义",使得现存的"政治规定消散于抽象的思想",这种思维方式本质上是一种"天国思维"。

黑格尔正是从客观精神出发,运用这种天国思维对现代性自由观进行了深刻的反思,但黑格尔的自由观建立在带有浓厚神秘色彩的精神载体之上,这种自由缺乏真正的主体。因而,在黑格尔法哲学世界里,自由,并非现实中的人的自由,而是一种客观精神的自由。而马克思所要寻找的恰恰是真实的自由。在《黑格尔法哲学批判》中,马克思对黑格尔法哲学及其自由观进行了深刻的批判,在一个全新的理论境域下揭开了探寻人类解放的思想进程。

和黑格尔"天国思维"中的自由观截然不同的是,马克思坚持把自由从天国拉回尘世,主张真正的自由应当是现实的人的自由,他对那些空谈自由主义的人们嗤之以鼻:"这些自由主义者认为,把自由从坚实的土地上移到幻想的太空就是尊重自由。这些流于幻想的,这些伤感的热心家把他们的理想同日常的现实的任何接触都看成亵渎神明。对我们德国人来说,自由之所以直到现在仍然只是一种幻想和伤感的愿望,一部分责任要由他们来负。"

马克思对黑格尔自由观最大的超越在于他为人类自由找到了尘世根基。黑格尔从绝对精神出发完成了对自由原则的论证,这是他对近代以来自由学说的重大贡献,但这种自由在马克思看来是一种"法权自由",只是一种虚幻的、脱离主体的自由观。与黑格尔从思辨自由开始论证的逻辑起点不同,马克思更多地从物质世界出发来思考自由,在他看来,自由的实践性远强于理论性,只有在尘世中才能实现真实的人类自由。

另外，黑格尔把国家作为自由的真正实现，而这种实现的基础却是"神的行进"。黑格尔把国家作为神在地上的行进，在谈到国家的理念时，他认为不应注意到特殊国家或特殊制度，而应该考察理念这种现实的神本身。由此可见，黑格尔并非从现实出发来论证国家，而是从理性思维方式来设想彼岸世界，因而国家不过是"虚幻的共同体"而已。换言之，黑格尔从绝对精神出发完成了国家理念的预设，然后用想象力来营造它的美好。

对于黑格尔这种神秘虚幻的国家观，马克思发起了猛烈的批判，这种批判是《黑格尔法哲学批判》一书的主体部分。在马克思看来，哲学的任务不是关注事物本身的逻辑，而是关注逻辑本身的事物。就国家来说，不应当用逻辑来论证国家，而应当用国家来论证逻辑。相比于黑格尔的天国思维，马克思在尘世中对国家本质进行了哲学论证。在《黑格尔法哲学批判》中，为了破除黑格尔的国家神话，马克思确立了"市民社会决定国家和法"的法哲学原则——只有从市民社会出发，才能为自由找到真正的尘世根基，因为"市民社会"是理解法的关系的基础。

总而言之，马克思颠覆了黑格尔唯心论思辨哲学用绝对理念取代现实生活世界的逻辑路径，从人类生活的现实世界出发，把对自由的现实探寻作为其方向，为自由寻找到了尘世的根基。

（三）在人类的解放中找到尘世的根本自由

实现人类的解放，这是马克思法哲学世界观的重要内容，也是马克思终极的政治诉求和理想追求。

马克思认为，人类真实的自由不会存在于天国，只能存在尘世之中。马克思所谓的尘世，既不同于黑格尔理性思辨的抽象现实世界，又区别于费尔巴哈的简单人本世界，而是由人的实践活动创造的、物质性与精神性相统一的现实生活世界。在这个世界里，人的自由不以政治解放为代表，因为政治解放实现的是少数人尤其是资产者的自由，换来的只是让市民社会摆脱封建政治的桎梏，并不是人的解放的最后形式。在马克思看来，人的解放是政治解放的前提，因为政治解放的本质和范畴具有局限性，"不能把人的世界和人的关系还给人自己"。

马克思认为，"只有当现实的个人把抽象的公民复归于自身，并且作为个人，在自己的经验生活、自己的个体劳动、自己的个体关系中间，成为类存在物的时候，只有当人认识到自身'固有的力量'是社会力量，并把这种力量组织起来因而不再把社会力量以政治力量的形式同自身分离的时候，只有到了那个时候，人的解放才能完成"。这时，人的解放才能"推翻那些使人成为被侮辱、被奴役、被遗弃和被蔑视的东西的一切关系"，不再局限于资产阶级政治解放所带来的人的形式上的平等。

在《德意志意识形态》中，马克思又一次论证了个人自由与人人自由。马克思认为，在资产阶级社会中，个人自由只存在于资产阶级。只有从根本上消灭私有制这个不平等的根源，才能完成个人与社会共同体的彻底分离，把人作为人的最高本质，才能实现人人自由。换言之，必须建立在消灭个人所有制这个基础之上。通过对马克思其他著作的分析可以判断，要想实现人的解放，必须摆脱人对物和他人的依赖关系，生产者自己占有生产资料以后，才能从"必然王国"通往"自由王国"，获得真正的自由。

旧唯物主义者认为自由是人对必然性的服从，而且这种服从往往是预设的、消极的，但马克思从历史唯物主义出发，通过实践的观点，对人的自由本质进行了更进一步的阐明。马克思认为自由作为主体性范畴，是人主体性的体现，"人不是由于有逃避某种事物的消极力量，而是由于有表现本身的真正个性的积极力量才得到自由"。在遵循客观规律的基础上，通过自身主体性的能动作用发挥，积极运用实践力量打破对人的限制。所以说，"自由是对必然的认识和对客观世界的改造"。

马克思把人的解放的任务交到了无产阶级手中，认为无产阶级要通过革命的手段，用物质的力量来摧毁物质的力量，使无产阶级取得公共权力，并且利用这种权力把生产资料变为公共财产，在此基础上，使无产阶级摆脱资本属性。因此，要想从"异化"中脱离出来，必须要在政治解放的基础上，通过无产阶级的斗争，建立一个"自由人的联合体"。在这个联合体中，"每个人的自由发展是一切人自由发展的条件"，这也是马克思对未来新时代和人的自由本质的终极探索。

由此可以看出，马克思沿着尘世思维之路开创的唯物史观，为人类"从必然王国走向自由王国"的"尘世自由观"提供了哲学的支持。马克思法哲学中对于尘世自由的追寻，更重要的哲学意义还在于，他将真正的自由落脚在"现实的人"身上，完成了对"政治解放"的理论否定，在新的范畴内重新确立了人的最高本质。马克思法哲学思想中对尘世自由的追寻，体现了马克思对人类生存现状的巨大关怀和对自由的更高追求，也为人的自由发展指明了一条现实道路。

四、马克思法哲学思想的批判性特征

哲学是离不开批判的，马克思法哲学同样如此，前文已多次述及马克思法哲学大厦建立在对以往一切唯心主义法哲学和费尔巴哈唯物论的批判基础之上。但马克思法哲学思想中的批判性又与以往哲学的批判不同。一方面，马克思法哲学的批判不但是对哲学领域的批判，而且带着对现实社会的巨大关怀；另一方面，马克思不但对其他哲学家进行批判和超越，而且始终抱有强烈的自我批判精神。

这种强烈的带有自主性和自觉性的批判精神是马克思法哲学革命的最根本特征，不只是吹响了马克思法哲学革命的号角，而且也是马克思主义哲学可以保持旺盛生命力的源泉。

（一）马克思法哲学以批判形态存在的哲学意味

在一般语境下，批判意味着对错误思想或言行的批驳否定，但哲学语境下的"批判"不尽于此，除了驳斥和否定外，更带有对以往哲学理论和思维方式的重新建构。面对一系列时代的疑惑，"真正的批判要分析的不是答案，而是问题"。真正的哲学批判，是在否定基础上的肯定，是在批驳基础上的建构。

如果近代法哲学在理论本质上是法的形而上学，那么马克思的法哲学理论本质上就是法哲学批判或法的形而上学批判理论。自从"苦恼的疑问"产生后，马克思便开始了对唯心主义法哲学的基础——即法的形而上学的颠覆过程，这种批判和建构的过程毫无疑问是极为艰辛的，马克思本人也多次在一定程度上出现了犹疑和反复。具体而言，在《莱茵报》工作期间是马克思对政治制度和法的一般批判阶段;在撰写《1844年经济学哲学手稿》和《神圣家族》期间,马克思已经上升到从市民社会和经济学角度对法的本质进行剖析;而到了撰写《关于费尔巴哈的提纲》和《德意志意识形态》时期,马克思已经彻底地站在了"感性的活动"的基础上,把法哲学完全地从"天国"拉回了"人间",完成了以实践为基础的新的历史唯物主义法哲学的建构,实现了对一切以法的形而上学为基础的唯心主义法哲学的整个颠覆。

必须要指出的是,马克思法哲学批判具有总体性的特征。马克思的法哲学批判坚持的是一条从最初的哲学批判到宗教批判,从政治批判再到政治经济学批判的逻辑发展链路,展现出的是一套完整的社会批判理论。我们看到,马克思在看到现实法律和法的本质的对立以后,首先进行的是对国家制度和现实法律的批判。在与黑格尔法哲学做彻底告别以后,马克思深入现实社会中挖掘市民社会的规律进而批判劳动异化,在感性的活动和实践原则的基础上确立了历史唯物主义法哲学观的基础。进一步说,对法律制度的批判转向对宗教的批判,进而到对政治经济的批判和劳动异化的批判,这个过程既构成了马克思社会批判理论的前提,又不可避免地将马克思法哲学引向了"人类的自由解放"这个最终归宿。

此外,通过对马克思一系列经典著作的解读,我们发现了耐人寻味的现象,那就是马克思的著作往往不仅限于对哲学、宗教、法律或者经济学层面的单一批判,而是对这些内容的综合有机批判,是建立在历史和现实相统一、理论与实践相结合基础上的一个完整的社会批判理论,也体现了马克思法哲学批判的逻辑总体性。可以说,马克思法哲学批判的最终旨趣是通过对资本主义制度的批判，思索全人类的生存困境问题，最终实现人的类本质的复归。

当马克思法哲学以批判的形态存在时，它更深层的哲学意味在于：一是告别了一切以法的形而上学为基础的唯心主义法哲学思想，颠覆了法的形而上学的基础，从而在现实社会或者说市民社会中寻找到现代法权的本质理解，彻底地纠正了以往对法的本质的错误认识；二是与历史法学派、实证主义法学派和各种空想主义划清了界限，对近代法权保持了一种历史和现实相结合、推倒和建设相统一的辩证认识；三是马克思没有止步于对其他法哲学思想的批判分析，而是通过不断地自我批判，完成了从受康德、费希特影响的"新理性批判主义法哲学"到投身黑格尔哲学，再到历史唯物法哲学思想的转变，从而开创了一场真正的法哲学思想革命。

（二）马克思法哲学批判的两个维度

从马克思主义哲学的发展历程来看，对法哲学的研究尤其是批判性研究是极为关键的一步，也有学者认为，"青年马克思的理论起步是法哲学""相对于其他思想家而言，黑格尔才是马克思成为马克思的必然的中介，是早期马克思思想形成的最为关键的一环"。

马克思法哲学的批判主要体现在对黑格尔哲学的批判上，在《黑格尔法哲学批判》手稿中，马克思在现代法权的本质、国家和市民社会上发起了和黑格尔哲学的清算。笔者认为，马克思法哲学的批判主要体现在法的形而上学和法的现实社会基础的双重维度上。

第三章　马克思早期法哲学思想的理论考察

1. 法的形而上学维度的批判

从表面上看，马克思法哲学思想是出于解决自身疑惑而延展开来的，但实际上马克思法哲学思想形成和发展的过程中，始终伴随着对近代以来唯心主义法哲学传统的批判，即对"法的形而上学"的批判，真正所要揭示的是现代法权的唯物主义本质。

"法的形而上学"，是指"离开法或权利的现实基础，只是抽象地纯粹依据所谓理性及其形式来探讨法或权利的问题，即在现实的经济基础之外去探究法或权利的终极依据、去寻找法或权利的原点"。西方近代的这一法哲学思想传统和古希腊自然法思想及中世纪神学思想的影响是分不开的，在两种因素的影响下，具有明显理性主义特征的自然法思想占据了法哲学思想的主流，理性成了自然法的核心概念，也成了评判法律正义与否的先天标准。

黑格尔哲学无疑是这种"法的形而上学"的巅峰，在向黑格尔发起批判的过程中，马克思将历史发展中的物质因素引入了立论，不断地解构理性主义法哲学的根基，批判了黑格尔对法权的抽象定义，并进一步将其他法哲学家的"政治解放"引向了"人的全面自由发展"。

同时，马克思对近代法哲学的"天国思维"发起了批判。近代法哲学家从理性的角度出发，将人的自由、平等、财产权等视为先验的、天赋的、无须质疑的前提，从而忽略了抽象背后的现实社会，尤其是"人"的实际的权利状况。马克思明确提出要"识破思辨哲学的幻想"，对黑格尔这种"头足倒立、主谓颠倒"的思辨哲学提出了批判，最终目的就是要彻底颠覆近代法的形而上学基础，揭示现代法和权利的本质及其历史，破除现代权利问题上的唯心主义。对于黑格尔"国家决定市民社会"的结论,马克思认为"观念变成了主体,而家庭和市民社会与国家的现实关系被理解为观念的内在想象活动。家庭和市民社会都是国家的前提,他们才是真正活动着的;而在思辨的思维中这一切都是颠倒的"。

另外,二元对立的自然法思想使得近代法哲学形成了应然与实然、理想与现实、权利与义务的二分理论模式。尽管马克思早期也深受这种二元结构的影响,但马克思并没有深陷其中,而是把目光投向了社会物质生产和实践中的人,从而站在历史唯物主义的高度形成关于法与国家的深刻认识,得出了"市民社会决定法"的科学结论,为法权和国家寻求到了一个终极定义。

2. 法的现实社会基础维度的批判

需要指出的是,马克思对西方近代唯心主义法哲学的批判,并没有停留在概念上的抽象分析,而是契合了资本主义社会发展的主体,选择深入社会现实考察物质生产运动对法和人的决定作用。可以说,马克思的法哲学批判直指人类文明的发展形态和人的存在价值,带着对社会发展演变的深刻认识。

《黑格尔法哲学批判》让不少人感到,"这位天才的思想家正在努力与黑格尔的当代社会理论以及主流的哲学概念进行抗争,从而建构起自己的起点"。但马克思并没有止步于批判黑格尔的"逻辑的泛神论的神秘主义",而是把批判的武器瞄准了现实社会和国家制度。

应该说,马克思的法哲学批判始终保持了一种社会存在的理论立足点和历史向度。在马克思看来,现代法权的异化主要归结于市民社会本身。因此,马克思对现代法权异化的批判也并没有抽象地进行，更没有进行单纯的伦理上的批判。从《黑格尔法哲学批判》的具体文本看，马克思真正所要批判的不是法的形式规则和具体的国家形式制度，而是现实社会，对黑格尔法哲学的批判上升到了新的层面，即把对法哲学的理论批判推进到社会历史维度。这表明，马克思对黑格尔的批判从来就不是纯粹的理论评判，而是上升到了现实社会的维度。

从马克思给好友卢格的信中可以看出，马克思的批判旨趣在于"同君主立宪制度做斗争，同这个彻头彻尾自相矛盾和自我毁灭的混合物做斗争"，真正想要揭示的是国家和政治的异化，进而重塑市民社会与法和国家之间的关系。

在进一步了解政治经济学以后，马克思得出了"生产方式"和"交往形式"即市民社会是历史的基础和发源地的结论，完成了从宗教批判到历史批判再到政治经济批判的转移，从而把市民社会和法的本质重新回归到物质生活关系和社会生产方式，也体现了马克思的法哲学批判意向。通过对这些现实社会维度的批判，马克思进一步动摇了西方法哲学的根基，并把现代法权的基础引向了"生产方式""交往形式"等现实层面，开辟出了一条通往以"人类自由解放"为目的的哲学大道。

（三）马克思法哲学批判的实践指向

众所周知，哲学批判是不可能完全从社会实践中脱离出来的，这是因为哲学批判要从社会实践中寻找现实依据。同时，也需要在实践中检验自身的批判理论，进而推动实践的发展。

就马克思主义哲学而言，实践性是其本质特性，贯穿马克思思想发展的始终。马克思主义法哲学从根本上说是对法和权利问题的哲学表达，它形成的根基和发展的动力都源自社会实践。马克思正是由于将"实践"引入法哲学，在此基础上对人的生存方式进行反思和批判，对法哲学进行基于实践和现实的重新建构，才实现了一场伟大的法哲学革命。因此，在研究和探讨马克思法哲学的批判时，毫无疑问是离不开实践指向的。马克思和恩格斯绝不是在书斋里为了纯粹抽象的目的而进行哲学批判的，他们的理论活动与实践活动是密切相关的。这种不可分割的相关性，正是由马克思主义哲学坚定的实践指向所决定的。因而马克思指出："批判的武器当然不能代替武器的批判，物质力量只能用物质力量来摧毁；但是理论一经掌握群众，也会变成物质力量。理论只要说服人，就能掌握群众；而理论只要彻底，就能说服人。所谓彻底，就是抓住事物的根本。"只有从实践出发，又回归到实践，才能实现所谓的彻底。

可见，马克思法哲学批判主要是基于人们的生活实践，对人的生存状态和生存方式进行的反思和批判，这也体现了马克思主义法哲学体系实践性与现实性相统一的建构原则。因此，研究马克思法哲学的批判，应以"实践"为基础，以"批判"为灵魂，对社会进行全面的剖析。也可以说，马克思法哲学中的两个概念"批判武器"和"武器批判"，分别对应的是哲学实践化和实践哲学化。

通过对马克思经典著作的分析，我们还可以看到，马克思带入了实践的观点，使得法哲学体系具有了坚实的唯物主义世界观的基石，这是马克思法哲学实现重大突破的关键环节。不仅如此，实践的观点也成了马克思分析一切社会问题的重要方法。马克思早期的法哲学观受到了康德以及费希特自由主义的影响，但这种二元对立的思想很快在现实面前充满了无力感，因而马克思投身到黑格尔的怀抱，试图借由黑格尔哲学将思维和存在的二元对立统一起来。此后，马克思在费尔巴哈唯物主义和人本主义的影响下，对黑格尔的国家观和市民社会与法的关系问题提出了批判。

在《黑格尔法哲学批判》等著作中，马克思开始从社会实践的角度出发，重新塑造市民社会、法与国家之间的关系，认为是市民社会决定了法，进一步指出了"政治解放"存在的历史局限性。在《关于费尔巴哈的提纲》中，马克思完全地站在实践高度，把"人"的本质从费尔巴哈的抽象维度中解脱出来，从全新的角度看待社会、法律和国家，实践成为马克思批判和反思一切资本主义异化现象的一把钥匙。沿着这一理论前提和思路，马克思又撰写了《德意志意识形态》，标志着历史唯物主义法哲学理论的最终确立。

社会本质是实践的，实践构成了现实社会真正的根基，也是一切历史进步的推动力。正因如此，马克思使自己的哲学思想从"书斋哲学"中跳出来，高度地强调哲学的实践性。正是基于这样的实践指向，马克思的法哲学思想宣告同一切只是止步于解释世界的哲学划清界限，才更为关注现实社会中的人。

因此，在法哲学理论中加入了批判性的实践观以后，马克思法哲学理论体系才迎来了关键性的蜕变。在对实践的理解的基础上，马克思法哲学不仅彻底推翻了法的形而上学的根基，实现了对法的本质的真正理解，而且最终看到了人民群众对于推动历史发展的主体作用。

第四章　马克思法哲学对施蒂纳的
批判与超越

如果要给马克思早期思想发展历程画上句号，那么《德意志意识形态》无疑是一部标志性著作。在这部著作中，马克思、恩格斯第一次系统阐发了他们创立的新世界观。借用马克思"我不是马克思主义者"的说法，这部著作的问世标志着马克思思想走向了成熟，马克思真正成为一位马克思主义者。书中对施蒂纳的批判占了全部篇幅的七成，围绕法哲学概念的批判又是批判的重中之重。可以说，对施蒂纳的批判与超越标志着马克思历史唯物主义法学理论的形成。

一、施蒂纳《唯一者及其所有物》对于权利、法律和犯罪概念的否定

要理解马克思对施蒂纳的批判，应先从理解施蒂纳入手。施蒂纳（Max Stirner）是约翰·卡斯巴尔·施米特的笔名，马克思、恩格斯在《德意志意识形态》中将他戏称为"圣麦克斯"。Stirner 最早是个绰号，Stirn 在德语里是"额头"之意，约翰·卡斯巴尔·施米特因额头高而得名施蒂纳。施蒂纳早年

求学于柏林大学哲学系，他的老师有德国古典哲学巨匠黑格尔、神学家施莱尔马赫和老年黑格尔派代表马尔海内克等人。但施蒂纳求学之路颇为不顺，几经波折之后并未如愿获得柏林大学学位。这使得施蒂纳无法在大学谋得职位，只能在中学任教。在柏林一所私立女中任教期间，他于1842年开始参加青年黑格尔派活动，并同恩格斯等人交往。恩格斯曾讲过，他同施蒂纳是很熟悉的朋友，他们一起"对黑格尔的哲学进行了很多辩论"。此时的马克思已经离开柏林，开始了在《莱茵报》的编辑生涯。施蒂纳虽也给这个报纸投过稿，但他同马克思似乎并无直接的交往。1844年10月底《唯一者及其所有物》出版，这部著作意在彰显作为个体之我的"唯一者"。施蒂纳认为，在"唯一者"自身之外，任何别的东西都居于次要地位、都可以抛除，利己就是"唯一者"的准则。权利、法律、犯罪等作为界定和限制个人行为的重要概念，天然地居于"唯一者"的对立面，自然难逃施蒂纳的批判。理解施蒂纳对这些概念的批判，是理解施蒂纳思想的关键。

（一）对权利概念的否定

施蒂纳将自己的理论称为利己主义，这样一来他就必须要说明何为利己，这绕不开权利概念。在重新定义权利之前，施蒂纳对当时的权利概念进行了批判。

首先，施蒂纳试图揭示权利的本质，即对个人的统治。施蒂纳认为，"权利是社会的精神……社会只是因为权利而存在"。讲"权利是社会的精神"，是由于施蒂纳认为权利概念所表达的并非自我的权利，而是他人或者说是社会给予个人的权利。在这种情况下，个人拥有哪些权利并不由个人自己决定，而是由社会决定。但由社会决定实质上意味着是由社会统治者决定，当个人与统治者权利一致时，他能够从统治者那里寻求权利，当个人与统治者权利不一致时，他就没有办法寻求权利。因而，社会给予个人的权利是且只能是统治者的权利。讲社会因为权利而存在，是由于施蒂纳认为社会诸部门都是围绕统治而存在的，都是为了实现统治者的权利而对个人实施统治的工具，法庭、行政机构等概莫能外。个人不能奢望通过这些社会部门来实现自己的权利，这些部门维护的是同统治者一致的权利，同时打击或镇压那些不一致的权利诉求。

其次，施蒂纳批判了"外物赋予个人权利"的观念。在施蒂纳看来，权利本质是对个人的统治，个人在这样的权利之下只会变成他人的奴隶，但这种赤裸裸的对个人的奴役被各种各样的理论掩盖了。在这些理论中，权利不是源自个人的权利，而是由外物赋予的。这些赋予个人权利的东西可能是神灵、上帝等超自然力量，可能是自然，可能是爱等人类的情感，也可能是理性，当然还可能是社会、人道等。施蒂纳认为这些赋予个人权利的事物其实都是对个人权利的剥夺。因为在这些理论中，只有个人忠于这些事物时，他才能够拥有权利，但这样就意味着个人只拥有他之外的权利，他自己是没有自己的权利的。你的理性、你的爱可以给你权利，但那必然是你的而非他人或人类的理性和爱。施蒂纳着重批判了当时流行的天赋权利论。他认为，"人没有任何天赋的权利"，天赋权利或天赋人权的理论不过是类同于宗教观点的错误理论，它把某种并不存在的东西神圣化了。从历史上看，斯巴达等文明存在杀婴制度，这里的婴儿就没有天赋的生存权利。从逻辑上看，所谓随着人一起诞生的天赋权利其实是别人让予的权利，婴儿来到世上什么都没有，他的权利是父母让予他的。

（二）对法律概念的否定

与对权利概念否定紧密相联的是对法律概念的否定，因为施蒂纳认为在社会中界定权利是法律所发挥的作用。从施蒂纳关于权利同"唯一者"无关的观点来看，法律也必然同"唯一者"无关。具体而言，施蒂纳主要从以下几个方面出发否定了法律这一概念。

首先，施蒂纳对法律的本质进行了界定。他认为，法律是意志的体现。从这个意义上来看，又可以说法律是一种命令，因为它是"意志的告示"。如果一个人给自己以命令，那么可以说这是他给自己颁布的法律。但在国家存在的情况下，这种个人意志是不被允许的。施蒂纳认为，如果国家要存在的话，那么通过法律禁止个人的意志就是"绝对必要"的。在现实中，这个体现为法律的意志只能是统治者而非其他人的意志，"统治者的意志即法律"。

其次，施蒂纳论述了法律必然带来束缚和压迫的观点。在一部分人统治另一部分人的国家，法律是统治者意志的体现必然意味着它将会束缚和压迫被统治者，会压制个人的意志，这一点在施蒂纳的理论逻辑中是顺理成章的。问题是，在人与人完全平等的理想社会中，法律还会带来束缚和压迫吗？施蒂纳的答案是，会的。他认为即便设想存在"普遍意志"的完美情况，即法律符合每个人的意志，它对人仍是一种束缚。在说明这一问题时，虽然施蒂纳并没有使用"异化"这个概念，但他其实遵循的是论证法律是人的异化的思路。施蒂纳指出，即便法律完全符合每个人的意志，那也只是符合立法时每个人的意志。人的意志并非是固定不变的，一个人今天的意志可能并不等同于昨天的意志。但法律是相对固定的，这就意味着即便法律是"普遍意志"的体现，它也是一个人的过去意志对今天意志的束缚。在这种情况下，作为个人创造物的意志就成了造物主的统治者，个人就成了自己过往的、被凝固化了的意志的奴隶。

施蒂纳认为，个人的意志应当总是自由的，个人既不能被他人束缚又不能被自己束缚。"唯一者"应当"不承认任何法律"，无论这样的法律源自何方、是否为多数人所接受。

（三）对犯罪概念的否定

论及法律绕不开犯罪这一概念。犯罪通常指在一定程度上触犯法律的行为，在施蒂纳完全否定法律并号召应当"违抗、完全不顺从"法律的情况下，犯罪概念必然会成为施蒂纳批判的对象。但施蒂纳对犯罪这一概念的使用有些含混，他除了在违背法律的意义上使用这一概念外，还在更为宽泛的意义上使用这一概念。因而，理解施蒂纳对犯罪概念的否定可以从广义和狭义两方面进行。

根据施蒂纳的理论，无论具体表现为何，固定观念都只是人之创造物，上帝、神灵、法律、人民、爱国者、善良市民、忠诚臣民等观念概莫能外。它们是个人思想的产物，在离开了个人以后，却"道成肉身"为固定观念，成了个人摆脱不掉的主人，用施蒂纳的话说就是"被创造者高于创造者，是'自在自为的'"。人们越是崇敬这些固定观念，就越被这些观念所奴役。同时，固定观念的对立面必然会同固定观念一同产生，它们是相互依存的对立的统一体。

施蒂纳认为，犯罪是对法律的违反，特别是触及刑事惩罚的行为。虽然在广义上使用犯罪概念，但他同时也试图对违反法律的行为和违反其他固定观念的行为进行区分，并在狭义上来使用犯罪概念。譬如，施蒂纳分别使用了"罪孽""罪孽者"和"犯罪""犯罪者"来表示违反宗教教规和国家法律的行为及行为人，"罪孽者"受到"宗教裁判"并接受"教会刑罚"，"犯罪者"受到"国家诉讼"并接受"刑事惩罚"。由于狭义的犯罪概念涉及国家法律，因而施蒂纳对这一概念的批判是同他对国家的批判紧密相联的。

二、施蒂纳对费尔巴哈人本主义的批判及其影响

（一）费尔巴哈关于"人"的主要观点

要认识施蒂纳对费尔巴哈人本主义的批判，首先要了解费尔巴哈的人本主义讲了什么。由于施蒂纳主要批判的是费尔巴哈对人的理解，因而这里主要关注费尔巴哈人本主义中关于人的观点，对其理论中被马克思称为"半截子唯物主义"的内容不做着重论述。费尔巴哈人本主义中关于人的观点可以大致被归纳为人是什么、人主要面临的问题、如何解决等三个方面。既然是人本主义，那么首要的问题是说明什么是人。费尔巴哈认为，人之所以区别于动物是因为他有意识。但这里的意识并不是指知觉或判断，因为这些意识动物也有，费尔巴哈所说的意识是他讲的"严格意义上的"意识，即"只有将自己的类、自己的本质性当作对象"的生物才会具有的意识。

(二) 施蒂纳对费尔巴哈观点的批判

前述对于费尔巴哈观点的介绍主要围绕人是什么、人主要面临的问题、如何解决等三个方面展开，相应地，施蒂纳对费尔巴哈的批判也可以大致被归纳为对人本质的批判、对人本质所体现的方法的批判、如何解决等三个方面。

施蒂纳认为，费尔巴哈通过批判宗教将神学转化为人学的做法不过是在神学领域里兜圈子，费尔巴哈通过人的本质概念所力求给予人们的解放"完全是神学意义上的解放"。

其一，人的本质像神的本质一样是虚无缥缈的东西。从人的最高本质出发，费尔巴哈引出了其他较低的本质。由于最高本质在费尔巴哈理论中是神圣的，于是乎，由它引出的其他的东西就是神圣的。施蒂纳认为，所谓人的最高本质不过是一种说辞。为了使自己的新概念赢得一席之地，费尔巴哈就将人的本质说成比其他理论中的最高本质更高的本质。而且，费尔巴哈的人的本质比神"更趋向于精神"。神还被想象为一种具体的形象，但人的本质是没有物质形体的纯精神。同时，人的本质又好像是自然而然有形体的，在理论逻辑上似乎是由所有有形体的人构成的。可是，这样作为人本质的人究竟是男是女、长什么样子，没有人知道。

其二，人的本质否定了人。施蒂纳指出，费尔巴哈关于人的本质是人的最高本质的观点的问题在于，"最高本质是他的本质而不是他自己"。按照费尔巴哈的观点，人的本质既在你我之中，又在你我之外。如此一来，个体面临着被分裂的境地，个体之人的一部分是作为人的本质而存在的，是可以称之为人的，在此之外的其他部分都是作为非人的本质而存在的，是不能被称为人的。作为个体之人就成了似人非人的怪物，人就成了永远不是人的人。

其三，人的本质成了人的对立面。在费尔巴哈的理论中，人的本质成了独立于个体的自在自为的存在。他指出，人的本质"是属神的、绝对的权力，这种权力是人所不能违抗的。"既然费尔巴哈的理论有如此多的问题，施蒂纳干脆直接高喊一声："带着你的'人类爱'一起从我这里滚开吧！"施蒂纳所要追求的是自己掌握自己所有权力的唯一者，任何自称比唯一者更高的本质，无论它是神还是人的本质，唯一者都是不屑一顾的，更何况由这些本质引出的权利、法律、犯罪等概念。

（三）施蒂纳对费尔巴哈批判带来的影响

在施蒂纳进行批判之前，费尔巴哈在青年黑格尔派学者中的影响力如日中天。但施蒂纳的批判就好似一声惊雷，震醒了沉浸在费尔巴哈人本主义中的兴奋的人们。施蒂纳对费尔巴哈批判带来的影响可以从对费尔巴哈带来的影响、对马克思带来的影响、对其他方面带来的影响等三个方面来考察。面对批判，费尔巴哈刚开始并未表现出十足的关切，相反，他还以学者的大度赞扬这本书"包含了利己主义的真理"，并称施蒂纳是其所知的"最有才华和最自由的作家"。但随后，他就意识到了问题的严重性，并称施蒂纳将批判矛头对准他是因为他名气大，施蒂纳要利用他的名气来为自己谋名声。他专门撰文回应施蒂纳的批判，并在文中加了一个注，指出本书写作的目的不在于维护自己的著作，而只在于维护自己著作的讨论对象、本质和精神。针对其理论被批判为"完全是神学意义上的解放"的观点，费尔巴哈指出，施蒂纳所讲的"把无当作自己的事业"中的"无"同样是上帝的宾词，因为"上帝一无所是"的观点在宗教中是存在的。如此一来，施蒂纳对"无"的高扬反而证明了神的本质就是人的本质的观点。借用施蒂纳对自己的批判，费尔巴哈回击说施蒂纳也是"敬神的无神论者"，施蒂纳的理论是"绝对唯心主义"。

施蒂纳的批判，除了直接影响了费尔巴哈和马克思，还在其他方面产生了影响。通过对费尔巴哈人的类本质思想的批判，施蒂纳立起一种新的对人的理解思路，这使他成了"现代无政府主义的先知"。施蒂纳对道德、价值观等"固定观念"的否定也使他成了虚无主义的重要思想来源。施蒂纳的理论也影响了尼采等学者，从"超人"身上可以看到"唯一者"的影子。

三、人的社会性与人的唯一性：马克思与施蒂纳对费尔巴哈的批判

（一）人的唯一性：施蒂纳的批判思路

施蒂纳批判费尔巴哈的思路是从其对黑格尔的批判开始的。恩格斯晚年回忆道，他在柏林的时候经常和施蒂纳讨论黑格尔。施蒂纳认为，黑格尔逻辑学起点是错误的，"存在作为无表现出来，因而同自身发生对立，它不可能是本原；本原应该是这样一种东西，它本身已经是存在和无这两者直接的和天生的统一，而这种对立是以后才从中发展起来的"。因而，在施蒂纳看来，这种本原应该既是存在又是无。恩格斯认为，"大概，使他以后写出他的主要著作的那一思路当时就已经开始发展了"。

第四章　马克思法哲学对施蒂纳的批判与超越

　　费尔巴哈同样是在批判黑格尔的基础上建立了自己的理论。"颠倒"是费尔巴哈的一个重要方法，简单来说就是主词和宾词互换。借用施蒂纳的话来说，这种方法对黑格尔的批判不过是将无作为存在表现出来，并同自身发生对立，因而它是错误的，不能成为一种正确理论的起点。具体到对人的理解上来看，费尔巴哈的理论建立的起点是，将具有无限可能的人作为有限的人的类本质表现出来。对于这两者之间必然产生的对立，费尔巴哈的解决方法是让具有无限可能的人屈服于人的类本质。因而，费尔巴哈用"颠倒"的方法将上帝从天国拉回人间的同时，他又将人的"类的法则和绝对的本质规定"升入天国，成了新的上帝。这是施蒂纳极不满意的地方，它立起了一种同宗教和上帝相类似的新的异己之物，既不能说明人是什么，又不能使人真正得到解放，反而是给人加上了新的枷锁。施蒂纳说费尔巴哈理论是"披上一层宗教的蛇皮"。考虑到圣经中蛇的形象，可以发现施蒂纳这个比喻内涵深刻。蛇诱惑亚当和夏娃偷食禁果，自此他们方知善恶美丑。但人也因此受到惩罚，带着"原罪"离开伊甸园，生活于尘世痛苦之中。费尔巴哈的理论披着蛇皮，试图引诱人吃下人的类本质这颗苹果，吃完后的结果无外是新标准的善恶美丑，以及被人的类本质这个新神赶入新的痛苦生活。

　　沿着施蒂纳这种思路走下去，强调人的唯一性就成了理论逻辑的必然。因为任何试图对人本质进行说明的理论都是在确立某种有，都是对人是无和存在的统一的违背。而要使无成为可能，除了必须要摒弃关于人本质的一切看法外，还必须要强调个体的至上性。没有个体的至上性就意味着个体从无向有的发展会受到他者的影响，如此一来，无就不是纯粹的，就不是施蒂纳所强调的那种无。因而，这种理论如果要自洽，必须要强调人的唯一性。

施蒂纳试图用人的唯一性这把剃刀，来剃掉人之上的一切的事物，宗教、国家、法律、费尔巴哈的人本学、各种固定观念等概莫能外。但在这位理发师疯狂挥动剃刀的同时，他自己却掉入了理发师悖论。一方面施蒂纳强调"唯一者"，另一方面他又说"没有概念能表达出我自己"，那么"唯一者"是不是概念？施蒂纳给一切自己不能给自己剃头的人剃头，那么谁来给施蒂纳剃头，施蒂纳是不是也应该把自己的"唯一者"理论给剃掉呢？出现这样的悖论，根源还在于施蒂纳一开始的起点就错了。他虽然把对黑格尔逻辑学的批判和纠正作为自己理论逻辑的起点，但其实还是在黑格尔理论框架内兜圈子。这样的问题，不等到"新世界观"出现是无法解决的。

（二）人的真实性：恩格斯的中介作用

在由唯一性走向社会性的过程中，恩格斯发挥了关键的中介作用。在1844年11月19日的一封信里，他向身处巴黎的马克思介绍了最新出版的《唯一者及其所有物》，这可能是马克思关注并阅读这部著作的原因。信中恩格斯用了四大段话谈其对施蒂纳及费尔巴哈理论的看法。

恩格斯关于施蒂纳理论的评价为马克思提供了几条非常有价值的思路。一是必须摒弃费尔巴哈关于人的类本质的概念。二是要重视个体的需求，即可以把个体视为利己主义者。三是要从个体的人上升到作为普遍物的真实的人。四是要实现第三条思路，必须从真实的现实出发，从历史的发展规律出发。五是应将理论付诸实践，用"拳头"去践行。恩格斯的这几条思路，在其后他们的思想发展中可以找见踪影。最为关键的是，虽然恩格斯提出了要重视人的真实性，但其实他并没有解释作为普遍物的真实的人到底是什么，这就使得马克思必须要去思考如何认识不同于费尔巴哈和施蒂纳所认为的真实的人。因而，恩格斯对人的真实性的认识是从人的唯一性走向人的社会性的中介。

（三）人的社会性：马克思的批判思路

在 1844 年 8 月的一封信里，马克思还称赞费尔巴哈"给社会主义提供了哲学基础"，但到了 1845 年 3 月左右，他已经写出了《关于费尔巴哈的提纲》。这半年多的时间里，马克思思想发生了巨大且神奇的变化。虽然施蒂纳在马克思思想转变中的作用被长期忽略，但有理由相信，施蒂纳对费尔巴哈的批判促使马克思重新思考和认识人。特别是恩格斯评论施蒂纳著作的那封信将费尔巴哈理论中无法克服的矛盾挑明，使得马克思必须要将自己的理论同费尔巴哈划清界限。

马克思的批判思路是从人的社会性出发的，这一思路也源自对黑格尔理论的批判，不过从开始批判黑格尔时，马克思和施蒂纳就走上了不同的道路。马克思和施蒂纳在柏林时都是青年黑格尔派的一员，但两人参加青年黑格尔派活动的时间恰好错开了，因而两人并没有直接交往。施蒂纳在柏林的小酒馆里向恩格斯大谈他对黑格尔的批判之时，马克思已经离开普鲁士首都，来到了普鲁士境内资本主义最发达、受法国大革命洗礼最彻底的莱茵兰，并担任《莱茵报》的编辑。在此期间，他"第一次遇到要对所谓物质利益发表意见的难事"。说其是难事，是因为离开了大学的象牙塔，离开了那群高谈阔论的学者朋友，马克思发现他所信奉的黑格尔理论在处理现实物质利益纷争面前显得无能为力，它既不能解释问题又不能解决问题。因而，黑格尔理论在马克思头脑中的地位出现动摇，马克思开始从社会现实出发重新认识黑格尔的理论。《莱茵报》被查封之后，马克思静下心来批判黑格尔理论，提出了市民社会决定国家等观点。也是在这一时期，费尔巴哈出版的著作极大地影响了马克思，可以说马克思甚至成为一个费尔巴哈派了。

但由于《莱茵报》时期的经历，此时的马克思已经不可能像费尔巴哈一样做一个纯粹书斋里的学者。他曾指出，费尔巴哈"过多地强调自然而过少地强调政治"。似乎可以认为，费尔巴哈关于人的认识是把人的本质当作一种自然而然、神圣性的存在，而马克思在此基础上要进一步强调现实的利益斗争，强调人的社会性。施蒂纳的著作和恩格斯的那封信使得费尔巴哈的理论被批判得体无完肤，马克思清醒地认识到，自己对于人的理解不能再顺着费尔巴哈的老路走下去了，他必须要另辟一条正确的道路。可施蒂纳只强调个体的路子显然是不行的，一方面从理论上讲，这会回到霍布斯讲的"人对人是狼"的状态，同马克思追求人类解放的共产主义理想相违背。另一方面就现实情形来看，"唯一者"的功利主义无法解决马克思遇到的那些物质利益难题。作为类的人和作为个体的人这两条研究道路都被人走过了，且已经可以看到两条路都是死胡同，那么第三条路在什么地方呢？只能是在这两条路中间，既是个体又是类的人。

恩格斯在信中提出的从经验和肉体的个人出发引出作为普遍物的人的思路是可行的，但其问题是并没有讲明这样一种两者相结合的真实的人究竟是什么。这时，人的社会性就跳出了依附于费尔巴哈人的类本质的境地，成了解决这一问题的唯一思路。首先，人的社会性可以解决个体的人与类本质的人之间的矛盾。如果说个体的人和类本质的人之间有矛盾的话，这个矛盾只是现实生活矛盾的体现。其次，任何个体的人都是社会的产物，也只能用社会的产物来理解个体的人。再次，作为普遍性存在的人或者说作为类存在的人，是通过社会而存在的人。最后，个体的人和类本质的人在社会的人中得以统一。

在《关于费尔巴哈的提纲》中，马克思进行了批判性总结。他指出，第一，人的本质只能是一切社会关系的总和。费尔巴哈一方面割断了人与社会的联系，另一方面，又凭空造出个体之间的内在联系，并将其抽象为类本质。第二，人本质的内容都是社会的产物。关于理性，马克思指出人思维的真理性来源于实践。关于意志，马克思指出应当把人的活动理解为一种对象性活动。关于心，马克思指出宗教情感本是社会的产物。第三，解决人本质的异化只能从解决现实社会矛盾出发。第四，理论的目标在于改变世界。马克思认为，费尔巴哈的理论是一种解释世界的空谈，于改变社会现实无补，而他的目标在于改变世界。

四、立足于客观物质交往关系的理论超越

施蒂纳的《唯一者及其所有物》为马克思清算费尔巴哈哲学信仰提供了一次机会，通过对施蒂纳的再批判，马克思思想中的唯物主义因素得以摆脱费尔巴哈旧唯物主义的干扰而迅速发展成熟起来。因而，有学者指出，施蒂纳是马克思构建唯物史观的最后契机。

（一）以物质交往为基础的现实的人

费尔巴哈和施蒂纳对于人的理解虽然是相互对立的，但他们都忽视了人同人所处物质环境之间联系的问题，陷入了观念的泥淖。马克思则从人的社会性出发，指出人"是一切社会关系的总和"。在《德意志意识形态》中，马克思、恩格斯将对人的理解进一步系统化，做了更为详尽的阐释，并将之作为他们历史观的前提。需要说明的是，他们此时还未形成生产关系概念，交往关系、交往形式等可以被看作生产关系的表达。

费尔巴哈关于人的思考是从人与动物的区分开始的，他认为人同动物的最大区别是人有关于类的意识，即他所讲的"严格意义上"的意识。马克思、恩格斯则认为，这两者的区别在于人可以自己生产"必需的生活资料"。生产生活资料的方式除了受客观物质环境的制约，更主要体现出人的活动方式或生活方式，这是人表现自己的形式。因而，"个人是什么样的，这取决于他们进行生产的物质条件"。同时，这样的生产活动并不是孤立个体的活动，它"是以个人之间的交往为前提的"，生产过程的物质交往是其他任何形式交往的基础。考虑到马克思所讲的人"是一切社会关系的总和"，那么可以认为，这一切社会关系的基础正是物质交往，马克思所理解的人是以物质交往为基础的现实的人。费尔巴哈虽然也讲"现实的人"，但他只停留在感性直观上并贬低了实践的意义，因而他撇开物质生产和历史进程来孤立地谈论个人或抽象地谈论类本质。施蒂纳的"唯一者"割裂了个人之间的交往，只能是无法生产自己所需生活资料的动物。

（二）法产生于人的物质关系

马克思、恩格斯对于人、人的历史和人的意识的唯物主义阐释为科学地解释法奠定了基础。在他们之前，关于法是如何产生的，众多学者都试图给出自己的解释。施蒂纳认为统治者意志的表达就是法律。此外，还有把法视作天启的内容、宇宙秩序或自然规律的体现、权力的表达等不同观点。但这些观点都不是"从物质实践出发来解释观念的东西"，它们都没有正确认识法的本质。

私有制带来的是围绕物质利益产生的矛盾，个体或家庭与同其有直接或间接物质交往关系的其他个体或群体产生的矛盾。为了调节这样的矛盾，需要通过制定"共同的规章"来约束个体的特殊利益。于是，国家作为一个代表普遍利益的第三者出现了，一切"共同的规章"都经由国家的中介产生，这些规章就是法律。国家看似是普遍利益的代表，其实只是统治阶级借以实现利益的形式，因而法是为统治阶级共同利益服务的。在人类历史长河中，随着分工及由此而来的所有制形式的发展，法在不同的历史阶段表现出不同的具体内容，但其为统治阶级利益服务的实质没有改变。资产阶级国家的法律虽以自由、平等为其原则，但这些不过是虚幻的原则罢了，它不但不能改变不自由、不平等的物质交往关系，相反还是这种关系的产物。法产生于人的物质关系，也会因物质关系的发展而走向终结。当生产力的发展足以扬弃固定化的分工和作为其结果的私有制，国家、法等"虚幻共同体的传统权力"将在人类解放真正实现以后消亡。

(三) 对施蒂纳所做批判的超越

在对人和法进行历史唯物主义解释的基础之上,马克思、恩格斯对施蒂纳关于权利、法律、犯罪等概念的批判进行了再批判,阐发了历史唯物主义法学思想的基本内容。

1. 围绕权利批判的批判与超越

施蒂纳把权利视为是他人赋予的,而不是个人自己的,于是从赋予权利的他人再到赋予他人权利的他人,他在自己的理论中通过同义语把对权利的认识推向看似的发展,但他根本没有从物质交往关系及其中的矛盾来认识权利,他对权利的批判只是在概念领域兜圈子。施蒂纳认为权力先于权利,对于"唯一者"来说,他的权力就是他的权利,因而他只需要讲权力而不需要讲权利,他是真正的利己主义者。但实际上,通过施蒂纳所讲的权力,根本不可能获得权利。

2. 围绕法律批判的批判与超越

马克思、恩格斯认为,施蒂纳关于法和法律概念的使用是混乱的。需要补充说明的是,在德语中,Recht 表示法,Gesetz 表示法律。它们的区别在于,在传统法律思想中,法一般指自然法或抽象的法,法律一般指制定法,同时 Recht 在德语中还有权利的意思。马克思恩格斯已经揭示了法产生于人的物质关系,对他们来说 Recht 和 Gesetz 实质上是一致的,因而他们"模糊了这两个概念的差异"。但施蒂纳的做法则不然,他一会儿认为法和法律是等同的,一会儿又认为它们是相区别的,这就造成了概念使用上的混乱。同时,更为复杂的是,由于 Recht 还有权利的意思,施蒂纳是在法、权利、公道等多种意义上使用 Recht 的,这就给理解相关概念带来了更大的困难。马克思、恩格斯在批判这一点时区分了施蒂纳理论中以权力为基础的法和以意志为基础的法。结合中文版《唯一者及其所有物》，可以认为马克思、恩格斯所批判的以权力为基础的法更多同施蒂纳理论中的权利概念相联系，因而此处主要关注以意志为基础的法。

针对施蒂纳将法律理解为统治者意志的观点，马克思、恩格斯分析了此观点中包含的国家、统治者、意志等三个要素，指出它们都产生于客观的物质生活并且不以个人的意志为转移。关于国家，马克思、恩格斯指出，它的基础是现实的生产方式和交往形式。国家统治者则来自产生国家的物质交往形式中占统治地位的个人，看似他们将个人的意志以国家意志体现出来，但他们的意志其实则是由这些特定的物质交往形式所决定的，他们的意志必然要维护他们在这种特定关系中的统治地位。同时，法律也决不是某一个统治者个人意志的任性表达，一方面它是统治阶级共同利益的表达，另一方面它必须维护产生它的整个客观物质生活条件，这是不以个人的意志为转移的。同样，对于被统治者而言法律也不以他们的意志为转移。只有等生产力发展到"足以使竞争成为多余的东西"的时候，取消国家和法律才是可能的。因而，施蒂纳通过"唯一者"意志来终结法律对人压迫的想法只能是一种脱离现实的幻想。

3. 围绕犯罪批判的批判与超越

施蒂纳对犯罪概念的批判实质上是对它的一种肯定。既然施蒂纳认为固定观念、法律等都是压迫人的事物，那么违背或破坏它们以及它们背后的教会和国家的犯罪行为就是一种反抗压迫的行为。施蒂纳理论的无政府主义色彩可见一斑。

但施蒂纳的问题在于，他把犯罪局限于观念层面了。在施蒂纳那里，固定观念是观念，法律是统治者的意志，他们都存在于人的头脑中。因而，针对固定观念或法律的犯罪行为就成了针对其他人头脑中观念的行为。同时，人的犯罪行为成了实现个人意志的抗争行为，它又只在观念的层面上对个体有意义。马克思、恩格斯讽刺道，按照施蒂纳的说法，小偷偷钱不是为了钱，而是为了使自己高兴。施蒂纳出现这样的错误的原因在于他没有认识到犯罪产生的根本原因是现实物质交往关系中的矛盾冲突。在施蒂纳批判犯罪概念或者说在鼓励"唯一者"犯罪的过程中，他始终针对的是作为客观物质交往关系结果的观念层面的东西，而对于真正的原因却忽视了，因而既无法推翻法律和固定观念，又无法使个人得到解放。另外，即便退一步讲假设施蒂纳可以认识到真正的原因，作为客观物质交往关系结果的"唯一者"的观念也不可能铲除它所依赖的土壤。而真正使犯罪概念发生变化的只有变化了的物质交往关系。

第五章　马克思早期法哲学思想与依法治校的理论实践

中国特色社会主义新时代，全面推进依法治国，加快建设社会主义法治国家，这是宪法确定的原则，也是中国推进国家治理体系和治理能力现代化的题中之义。要完成这项艰巨的任务，需要深入分析马克思法哲学思想的实践属性，认真研究马克思法哲学中国化的路径——实践回归，这种回归也是马克思法哲学中国化的最终归宿。

新时代，马克思法哲学在中国的实践回归主要体现在市民社会理论对中国社会治理水平提高的理论启示，为法治思想的形成奠定理论基础。具体到高校治理层面，马克思法哲学思想对高校依法治校的推进依然具有重要的理论指导意义。

一、马克思法哲学对提高中国社会治理水平的理论启示

可以说，马克思市民社会理论为当代中国创新社会治理模式，提高社会治理法治化水平提供了重要的理论基础，不仅有助于对"三大规律"的认识和理解，也有助于推动形成社会

治理新理念、新思想和新战略，为全面深化改革，加快推进新时代中国特色社会主义建设提供了科学启示和现实指南。

（一）夯实社会治理的经济基础

马克思的市民社会理论是在面对"要对物质利益发表意见"这一难题时形成的。马克思认为，市民关系是"物质的生活关系的总和"，而这种关系必然"包括该阶段上的整个商业生活和工业生活"，这是因为正是社会个体之间的物质交往以及在这种交往关系之上所形成的社会生活领域构成了市民社会。

在马克思生活的时代，对市民社会的解剖，"应该到政治经济学中寻找"，于是马克思积极探索资本主义生产方式的奥秘，并敏锐地提出，"人们奋斗所争取的一切，都同他们的利益有关"。在当今中国，利益问题集中展现在经济利益上，这是最根源的利益关系，也是影响社会治理的一切社会矛盾根源。党的十九大报告明确指出，当前我们的社会主要矛盾已经由"人民日益增长的物质文化需要同落后的社会生产之间的矛盾"转化为"人民日益增长的美好生活需要和不平衡不充分的发展之间的矛盾"。由此可见，大力发展社会主义市场经济仍然是提高社会治理的根本性动力，要建构中国的市民社会必须逐步健全和发展社会主义市场经济，只有大力发展社会生产力，增加在物质、文化、公正、法治等方面的供给，才能满足人民群众日益增长的需求。

具体来说，一方面，要坚持发展为第一要务，作为马克思市民社会理论的终极目标，构建自由人联合体与当代中国的发展目标——最终实现共同富裕，是一脉相承的。在积极发展中国特色社会主义市场经济的基础上，还应当充分调动各种有利于市场经济发展的积极因素，加强市场在资源配置中的决定性作用，营造诚实守信、公平公正的市场环境，规范市场秩序，打造良好的市场契约精神，为公民社会不断输入新鲜血液。

另一方面，在社会财富总量迅速扩大的基础上，要更加注重维护"二次分配"的公平公正。要健全和完善市场经济体制、规范市场秩序，完善按劳分配为主体、多种分配方式并存的分配制度，保护合法收入，调节过高收入，取缔非法收入，建立健全多层次的社会保障制度，尽可能地缩小贫富差距，维护社会的公平正义。

（二）发挥社会组织的调节作用

马克思市民社会理论肯定社会组织的重要性，明确地指出市民社会"始终标志着直接从生产和交往中发展起来的社会组织，这种社会组织在一切时代都构成了国家的基础以及任何其他的观念的上层建筑的基础"，并把社会组织作为市民社会的重要构成要素。

在社会治理体系中，社会组织是重要一环，"结成社会组织从一开始就是市民社会自我满足、自我管理、自我发展的自治组织形式"，作为政府和民众之间的"缓冲地带"，可以起到"轴承"和"润滑剂"的作用。一方面，公民的诸多诉求可以通过社会组织上传至政府；另一方面，政府的施政方针和政策也可以借助社会组织传达到公民，这种沟通协调作用能有效促进社会的良性治理。同时，社会组织的介入，有利于各种利益主体及时表达政治诉求，使得政府制定政策的主体更加多元，制定的政策能够兼顾更多群体的利益，对于法治建设具有积极作用。总之，社会组织是参与社会治理的重要力量，在社会利益格局更加多元化的今天，鼓励和支持社会组织参与社会治理，发挥社会组织的调节作用，有助于在政府和人民之间建立利益诉求机制，有助于化解社会矛盾。

另外，作为重要的社会共同体，社会组织是个体力量和个体意志的凝聚，它在一定程度上可以限制政府权力的扩张，使"行政机关不得不限于形式上的和消极的活动""哪里有了市民生活和市民活动，行政机关的权利就要在哪里终结"。在社会治理过程中，社会组织的介入可以推动政府职能从"管理"到"服务"的转变，消除腐败现象，进一步提高行政效率，最终形成"小政府、大社会"的管理模式。从个人角度看，只有在社会组织中个人才能实现自己的"自由个性"。市民社会作为个人参与社会共同体的重要方式，政府将部分事务交由社会组织处理，可以增强公民的民主意识和政治参与意识，不仅可以为人的全面自由发展提供内驱力，还可以为社会治理创造良好的群众基础。

需要指出的是，在发挥社会组织的调节作用的同时，应当高度重视维护社会个体的利益。马克思指出，"在市民社会中，人是尘世存在物"，市民社会是以个人为存在前提的，"利己主义就是市民社会的规则"。社会是由人构成的，而社会关系主要是由人和人的关系构成的。在社会治理中，只有抓住人这个核心，妥善处理人与人之间的关系，才能为社会和谐奠定坚实基础。

政府、社会组织、公民在创新社会治理体系过程中，需要各自发挥积极作用。当前，我国社会治理进程中，社会组织参与的广度和深度都还远远不够，存在参与水平低、效能不高、动力不足等问题。中国有着两千多年的封建专制历史，国家长期统摄着市民社会，社会组织只能被"阉割"或者在夹缝中生存，导致社会组织自身发展的内生动力远远不足。改革开放以来，随着市场经济体制的确立和不断完善，我国市民社会的自由空间日益扩大。

（三）实现国家与市民社会的良性互动

马克思认为，近代以来国家与市民社会的分离是政治进步的重要标志。尽管这种分离是国家发展中的历史现象，但对于民主政治的发展意义重大。由于市民社会从政治国家的高压中脱离出来，代议制取代了等级制，人权和公民权得到了极大的发展，激发了人民参与社会生活的积极性和主动性，人民的各种政治权利也得到了有效扩展。

健康理性的市民社会与国家相分离是实现社会监督和民主政治的前提，"一个多元的且独立于国家之外的自组织的市民社会是民主的一个不可或缺的条件，无论是谁提倡国家和市民社会的统合都将危及民主的革命，没有社会制约的国家权力总是危险的和不可欲的，它是对专制主义的放纵。"而两者的良性互动才是整个社会和谐运转的保证。

在马克思看来，市民社会独立于国家的存在只是一种历史现象。人类社会发展到共产主义社会，国家将消亡并统一于市民社会。当前，我国还处于并将长期处于社会主义初级阶段，市民社会培育本身存在严重不足，市场经济发展尚未健全，都需要国家和市民社会之间形成理性健康的良性互动。因此，推进国家治理体系的现代化离不开培育多元的社会主体，而这又需要处理好社会和国家之间的关系，需要实现两者的良性互动，唯此方能同时提高国家治理和社会治理的效益。

一方面，要明晰市民社会与国家的权能界限。政府公权力天然具有扩张性，在这一点上与市民社会是相悖的，因此要在坚持党的领导和社会主义方向的基础上，建立政府和市民社会之间的健康互动机制，有效解决社会治理主体"越位"和"缺位"的现象。按照市场经济的要求，在增强政府职能的同时缩小职权范围，培育公民社会，改变以往政府部门与公民社会的传统互动关系，强化政府的宏观调控职能、社会保障职能和公共服务意识，减少对市场经济的直接干预。通过把部分管理权向社会转移，培育各类非政府社会组织，形成政社分离、政企分离的良好局面。在发挥社会治理主导作用的同时，政府要在建立健全社会治理机制等方面发挥作用，积极完善社会治理的政策法规，改革社会组织管理制度，引导和支持社会力量积极参与社会治理，激发社会活力，确保政府、社会、公众各归其位、各担其责，加快建立服务型政府。

另一方面，要重视发挥国家的作用。根据马克思的观点，虽然国家是在市民社会的基础上构成的，但对市民社会也具有反作用。国家从产生之日起，就是一种有组织的力量，同时具有政治统治和社会管理的职能。实现国家与市民社会的良性互动，就是要市民社会成为制衡公权力、实现民主政治的社会力量，同时又不能削弱国家权威和能力。就我国自身而言，我国是社会主义国家，坚持党的领导是推进政治改革的重要前提，也是提高社会治理水平的关键，发展具有中国特色的市民社会必须要维护党的领导和国家权威。国家运用政治权力主导现代化和社会体制改革，这就注定了国家的推动力在很长一段时间内还应该占主导地位。总之构建中国特色社会主义的市民社会要坚持"党的领导、人民当家作主、依法治国"有机统一。

二、马克思法哲学精神推进新时代高校依法治校

（一）高校依法治校的基本内涵与根本遵循

法治思想作为一个科学整体，是建设法治国家、法治政府、法治社会的根本遵循。推进高校依法治校是实现大学治理体系和治理能力现代化的必然要求。新时代，高校应该在法治思想指导下，准确把握全面依法治校的科学内涵和重要意义，创新高校法治工作机制，优化治理结构，健全管理制度，防范决策风险，畅通维权渠道，不断提升依法治校水平。

高校依法治校是指高校对内部事务的依法治理，其核心是运用法治思维和法治方式谋划工作、回应关切、处理问题，是全面依法治国在教育领域的具体实践，是建立中国特色现代大学制度、办好新时代中国特色社会主义大学的基本保证。高校依法治校的内涵主要包括四个层面。

一是坚持党委领导与依法治校相统一。高校党委要履行好办学治校的主体责任。坚持高校党委领导下的校长负责制是高校坚持社会主义办学方向、全面贯彻教育方针的体制保障，是全面推进依法办学、依法治校的最根本保证。

二是牢固树立依法治理理念。法治理念的核心价值在于法律至上、权力制约、权利保障、实现平等。依法治校是高校治理改革的方向，是一项系统转变管理理念与方式的宏大工程。实现高校治理现代化，需要高度尊崇法律价值，将法律、规则作为学校治理的准则与依据，将民主平等、公平正义的法

治精神内化到办学治校的全过程。

三是充分运用法治的治理方式。依法治校的重要内容之一是制约高校管理权力，通过对权力的规范和对权利的保障，实现学校各利益主体权利义务的平衡，促进多元主体共同参与学校治理，形成行政权力与学术权力制衡监督、"法治"与"共治"交互融合、充满办学活力与创新创造活力的大学治理新常态。

四是构建相互依存的治理机制。高校依法治校应当以高等教育法律法规为核心，弘扬社会主义核心价值观，建立并完善高校权力运行协调机制、决策合法性审查机制、内部治理监督机制、激励与责任追究机制等，将法治理念转化为推动高校"双一流"建设的制度保障体系。

（二）全面依法治校面临的问题与挑战

党的十八大以来，在全面依法治国战略布局下，我国高校全面依法治校取得了长足的进步，但有些问题依然没有得到解决。这些问题主要集中在高校法治观念、规章制度建设以及高校管理者法治能力和水平的提高等方面。

首先，高校的法治观念有待进一步提升。高校法治观念的提升主要表现在高校管理者、教师、学生等主体的法治观念的提升上。我国高校的依法治校尚处于探索性的实践过程中，高校管理者应该加强法治意识、提高法治素养，使依法治校的理念内化为高校管理者的自觉行动。一些高校的管理者法治意识淡薄，认为高校的法治建设多是为了防范法律风险、处理法律纠纷，法治建设与人才培养、学术研究、社会服务缺乏深度融合；在师生的权利保障上，一些高校在教师聘任合同、职称评审、考核评价等方面缺乏对教师权利的合法保障；在师生义务履行方面，一些高校教师授课敷衍了事、师德师风失范，未能履行作为教师应尽的义务。

其次，高校的规章制度尚需进一步健全。有些大学的规章制度庞杂，制度之间存在冲突，制度的废、改、立不及时，尚未形成一个有机统一的规章制度体系；有些大学的规章制度陈旧或笼统、不严谨、不周全，形同虚设，缺乏实用性和指导意义；一些大学往往重信访事项处理轻师生法律救济，救济渠道不畅通，救济制度不完善。

最后，高校内部的治理结构仍需进一步完善。随着国家治理体系与治理能力的现代化的推进，高等教育领域的内部治理体制也有了明显的创新与提高。而在高校内部治理实践中，仍然存在着一些问题。

（三）新时代高校提高依法治校能力的路径和方法

全面推进依法治校是教育系统贯彻全面依法治国的必然要求，是依法治教的重要内容。只有把全面依法治国基本方略落实到教育改革发展的全过程，融入各级各类学校办学治校各环节，把全面推进依法治校作为使命担当，不断总结提升，激发学校和广大师生的活力，才能开创教育改革的新局面。具体而言需要做到以下四个方面。

第一，依法治校理念入脑入心如行。

依法治校的实现，需要政府坚持依法管理学校的理念，进一步深化"放管服"改革，以法律法规的形式明确政府管理的权限和职责，"构建教育部门权责清单制度，推进机构、职能、权限、程序、责任法定化"。高校的管理者需具备法治思维，树立以法定边界、以法定规则的理念，并贯穿于高校治理中的公法性关系、学术性关系、私法性关系中，做到科学制定规章制度、严格执行规章制度、公开透明行政，提升内部治理法治化水平。高校的教师需要具备依法执教的能力，知晓教师的权利、义务与职责，为依法执教打好基础，并依法开展教育教学活动，依法参与学校民主管理。同时，要对高校学生进行法治意识的培养和法治文化的培育，与学校教学活动结合，丰富法治文化教育的形式与内容，凝练学校法治文化理念，营造体现法治精神的校园氛围，使依法治校的理念能够内化于心、外化于行。

第二，以良法为基础，着力构建依法治校制度体系。

高校制定规章制度应该坚持合法性、科学性、体系性原则，使规章制度的实施有法可依，执行必严。当前关于大学治理的法源构成已成一定规模，上下位法之间的关系也很明确。高校规章制度是根据上位法的规定，为落实高校办学自主权而制定的，其理念与原则性的规定来源于上位法。

高校规章制度的实体内容要正确处理权利与权力的关系，属于学校管理方所拥有的公权力必须要有明确的授权依据才可规定，而属于师生员工私权利范畴的规定，高校应当把握好分寸，保持必要的谦抑，对可约束可不约束的行为不进行约束，为师生的学习研究提供宽松的环境。

高校要着力构建横向完备、纵向贯通的制度体系。要落实党委领导、校长负责、教授治学、民主管理的治理体系，形成涵盖党的建设、人才培养、学科建设、科研管理、民主管理的制度体系。

通过对马克思早期法哲学的形成过程、早期法哲学的基本内涵和主要特质的分析，我们可以明晰马克思早期法哲学以人本主义为表征，运用历史唯物主义辩证法对西方法学思想中固有的二元论顽疾进行批判，形成了独树一帜的马克思主义法学思想。马克思早期法哲学思想对中国马克思主义法治思想的产生和发展奠定了坚实的理论基础，新时代马克思主义法治思想是马克思主义法学思想的最新理论成果。同时，马克思早期法治思想的人本主义精神也为新时代高校依法治校的理论与实践提供了动力支持，使高校依法治校更加彰显对人本价值的关怀。

参 考 文 献

［1］ 马克思，恩格斯. 马克思恩格斯全集：第 35 卷［M］. 北京：人民出版社，2013.

［2］ 张雨欣. 马克思博士论文《德谟克利特的自然哲学和伊壁鸠鲁的自然哲学的差别》研究［M］. 北京：中央编译出版社，2019.

［3］ 恩格斯. 家庭、私有制、国家的起源［M］. 北京：人民出版社，2019.

［4］ 毛泽东. 毛泽东选集：第 2 卷［M］. 北京：人民出版社，1991.

［5］ 毛泽东. 毛泽东选集：第 3 卷［M］. 北京：人民出版社，1991.

［6］ 教育部社会科学研究与思想政治工作司. 毛泽东思想基本著作选读［M］. 北京：人民出版社，2001.

［7］ 黑格尔. 法哲学原理［M］. 范扬，张企泰，译. 北京：商务印书馆，2009.

［8］ 黑格尔. 小逻辑［M］. 贺麟，译. 北京：商务印书馆1980.

［9］ 费尔巴哈. 基督教的本质［M］. 荣震华，译. 北京：商务印书馆，1984.

［10］ 施蒂纳. 唯一者及其所有物［M］. 金海民，译. 北京：商务印书馆，1989.

［11］ 考夫曼，哈斯默尔. 当代法哲学和法律理论导论［M］. 郑永流，译. 北京：法律出版社，2013.

［12］ 海尔布隆纳. 马克思主义：赞成与反对［M］. 马林梅，译. 北京：东方出版社，2016.

［13］ 庞德. 法律史解释［M］. 邓正来，译. 北京：商务印书馆，2016.

［14］ 博登海默. 法理学：法律哲学与法律方法［M］. 邓正来，译. 北京：中国政法大学出版社，2004.

［15］ 吴晓明，刘日明. 近代法哲学与马克思的社会存在理论［M］. 上海：文汇出版社，2004.

［16］ 李光灿，吕世伦，公丕祥，等. 马克思、恩格斯法律思想史［M］. 北京：法律出版社，2018.

［17］ 文正邦. 马克思主义法哲学在中国［M］. 北京：法律出版社，2014.

［18］ 刘日明. 法哲学［M］. 上海：复旦大学出版社，2005.

［19］ 刘日明. 马克思法哲学理论的当代意义［M］. 上海：同济大学出版社，2016.

［20］ 何勤华. 西方法学史［M］. 北京：中国政法大学出版社，1996.

［21］ 习近平. 加快建设社会主义法治国家［J］. 求是，2015（01）：3-8.

［22］ 沈慧. 马克思法哲学本体论思想的人本研究［J］. 广西社会科学，2015（11）：52-57.

［23］ 龚廷泰，吕波. 青年马克思新自由法思想探析［J］. 南京社会科学，2000（09）：48-55.

［24］ 刘卓芳. 法哲学视阈下的国家生成逻辑［J］. 求索，2009（07）：134-136.

［25］ 姚建宗，徐岱. 为法哲学申辩：法哲学研究提纲［J］. 西北政法学院学报，1998（01）：5.

［26］ 武建敏. 实践法学：一种思维方式的变革［J］. 西部法学评论》2010 年第 2 期.

［27］ 姜海波. 论施蒂纳是马克思建构唯物史观的最后契机［J］. 教学与研究 2012（07）：36-41，

［28］ 王宏英，陈小芹. 马克思法哲学在中国的理论旅行及其良性濡化［J］. 甘肃社会科学，2005（03）：178-180.

［29］ 温晓莉. 变革时代的中国法理学态势与问题：兼论基研究与应用研究的关系［J］. 法学研究，2000（03）：17-27.

［30］ 张文显，于宁. 当代中国法哲学研究范式的转换：从阶级斗争范式到权利本位范式［J］. 中国法学，2001（01）：17.

［31］ 王芳. 社会主义法治国家：新时代马克思主义法哲学中国化的现实逻辑和重大成果［J］. 探索，2018（01）：5-12.

［32］ 乔克裕. "实践法学"导言：中国理论法学的思考［J］. 中南政法学院学报，1995（03）：3.